Nicole Dommann
Wir sind alle sensitiv

Nicole Dommann

Wir sind alle sensitiv

Erkenne und lebe deine Sensitivität im Alltag

Zentrum für spirituelles Coaching

Die Deutsche Nationalbibliothek verzeichnet diese Publikation in der Deutschen Nationalbibliografie; detaillierte bibliografische Daten sind im Internet über dnb.dnb.de abrufbar.

Lektorat und Korrektorat: Franziska Hülshoff, Dresden | Meppen
Umschlaggestaltung: Karin Rabensteiner, Luzern,
unter Verwendung eines Fotos von iStock.com/Westhoff
Portraitfoto der Autorin: Regina De Paolis, Luzern
Herstellung, Layout und Satz: Beate Simson, Pfaffenhofen a. d. Roth
Druck und Distribution im Auftrag der Autorin:
tredition GmbH, Heinz-Beusen-Stieg 5, 22926 Ahrensburg

ISBN 978-3-9525917-0-3 (Softcover)
ISBN 978-3-9525917-1-0 (E-Book)

www.nicole-dommann.ch

Inhalt

Wir sind sensitiv 51

Vorwort

Der Umgang mit Sensitivität ist keine Wissenschaft oder ein Seminar, das du buchen kannst. Sondern die Summe der Erfahrungen, die wir im Laufe unseres Lebens machen. Meine Sichtweise und Erfahrung mit dem Thema Sensitivität hat sich über die Zeit verändert und ich bin sicher, das wird dir auch so ergehen. Deshalb habe ich dieses Buch geschrieben. Meine persönliche Geschichte soll dich anregen, über deine Sensitivität nachzudenken. Deine Veranlagung hat ein riesiges Potenzial und ich wünsche mir, dass ich dich ermutigen kann, deine Sensitivität anzunehmen, weiter zu erforschen und zu entwickeln. Dafür habe ich dir ein paar Übungen und Meditationen aufgeschrieben, die mir bei meiner Weiterentwicklung hilfreich waren. Viel Spass damit!

Der besseren Lesbarkeit halber wähle ich in diesem Buch bei Personenbezeichnungen die männliche Form. Die verkürzte Sprachform hat nur redaktionelle Gründe und keine Aussageabsicht. Es ist mir wichtig, dass sich alle Geschlechter angesprochen fühlen.

Ich bin sensitiv

«Wollen Sie mich eigentlich testen?» Ein kleiner Mann mit verschmitzt lächelnden Augen schaute hinter einem Vorhang hervor und bat mich freundlich in seinen Raum. Natürlich wollte ich ihn testen. Ich hatte diesen Mann, der als Medium praktizierte, auf Anraten einer Freundin aufgesucht. Er könnte allenfalls Hinweise liefern, so hoffte ich, ob vom gestohlenen Familienschmuck noch etwas aufzufinden wäre. Dieser war seit dem Einbruch zehn Tage zuvor spurlos verschwunden. Zu dem Zeitpunkt hatte ich noch keine Ahnung, dass er mit dem «Testen» etwas ganz anderes meinte als ich. Die Sitzung lief sehr gut und verständlich. Er führte mir die «Beweise» klar vor, indem er mir meine Wohnsituation treffend beschrieb und so mein Vertrauen gewann. Woher wusste er, wie ich wohnte? Allerdings sprach er nicht mehr über seine erste Frage, ob ich ihn testen wollte. Er prophezeite mir, dass der Schmuck verschwunden bleiben würde. Tatsächlich haben wir diesen nie mehr wiederfinden können. Diese Episode steht am Anfang meiner Entwicklung, denn einige Zeit später konfrontierte mich eine Frau gleich zu Beginn einer Begegnung mit derselben Frage: «Wollen Sie mich eigentlich testen?». Doch blicken wir zuerst kurz auf meine Kindheit zurück und damit darauf, was mich geprägt hat.

Meine beiden Brüder (sechs resp. acht Jahre älter) und ich sind römisch-katholisch erzogen worden. Mein Vater hatte konservative Werte, liess aber mit sich diskutieren und konnte dabei gut mit anderen Meinungen umgehen. Meine Mutter war geprägt von Glaubenskonzepten mit Schuld und Sühne. Sie hat stets mit ihren Schicksalsschlägen gehadert. Mit dem frühen Tod meines Vaters und Jahre später mit dem Tod meines ältesten Bruders.

In der Schule wurde ich oft ausgeschlossen. Irgendwann lern

te ich, wie ich andere provozieren konnte, um Aufmerksamkeit zu erlangen, oder was ich sagen musste, damit man mich mochte. Allerdings war mir meist klar, warum sich meine Mitschüler so verhielten. Was bei ihnen los war, dass sie so gemein zu mir waren. Ich konnte ihre eigene Not spüren, ihren Druck, in der Klasse nicht selbst zum «Aussenseiter» zu werden, und verstand trotzdem nicht, warum es ihnen mit mir nicht genauso ging, warum sie meine Not nicht wahrnahmen. Im Alter von zehn Jahren suchte mich eine Todessehnsucht heim respektive eine Erinnerung an einen viel schöneren Ort im Universum. Ich war nächtelang wach und liess mich in diesem Gefühl der ehemaligen Heimat treiben.

Ein Pfarrer in unserer Verwandtschaft hat uns gelegentlich Geistergeschichten erzählt, das Thema fand ich faszinierend. Über diesen Onkel und die religiöse Erziehung meiner Mutter kam ich früh mit dem Glauben und Religionen in Berührung. Ich habe mich dabei gefragt, ob das, was uns Religionen vorgeben, Wirklichkeit ist. Einer Zerreissprobe wurde mein Glaube später in der Klosterschule im Melchtal ausgesetzt, weil dort mein Glaubenskonzept völlig über den Haufen geworfen worden ist. Zuvor glaubte ich noch an einen lieben Gott, der auf das Gute schaute, und daran, dass die Nonnen dies in seinem Sinne ausführten. Meine Zeit in der Klosterschule zeigte mir, dass Gegenteiliges der Fall war. Die Nonnen setzten uns übles Essen vor, während sie köstliche Mahlzeiten verspeisten. Mehr als einmal musste ich mir anhören, mein Vater wäre zu bedauern mit so einer Tochter wie mir. Obwohl ich mich zu Beginn an alle Regeln hielt, bezeichneten sie mich als Strafe für meinen Vater. Mir war es unverständlich, wie diese Frauen, die ihr Leben der Gemeinschaft und der Nächstenliebe verschrieben hatten, so handeln konnten und oft das Gegenteil machten von dem, was sie predigten.

Aufgrund dieser Klosterschulzeit und anderen schlechten Erfahrungen befasste ich mich immer mehr mit dem Sinn des Lebens. Als ich während meiner selbstständigen Tätigkeit als Podologin Mutter wurde und auf einmal die Verantwortung für ein Lebewesen hatte, fragte ich mich: Was ist meine Aufgabe im Leben? Wie kann ich all dem gerecht werden und wohin führt mich mein Weg? Ich war damals eine 21-jährige Mutter einer Tochter. Als ich noch zwei weitere Töchter und einen Sohn bekam, öffnete ich mich ganz bewusst der Spiritualität und fing an, mich mit Sensitivität zu beschäftigen.

Meine Ausbildung zur Astrologin in Zürich lieferte mir erste Antworten. Nach erfolgreichem Abschluss hielt ich Astrologie-Sitzungen ab und gab Seminare für Leute, die sich auf diesem Gebiet weiterbilden wollten. Meine Suche brachte mich nach Stuttgart, wo ich eine weitere Ausbildung zur Reinkarnationstherapeutin machte. Während dieser Ausbildungen wurde ich immer wieder auf mein Innenleben zurückgeworfen und lernte mich Stück für Stück besser kennen. Beides schien mir sinnstiftend und erfüllte mich sehr. Und trotzdem fühlte ich, dass ich noch mehr erfahren wollte, dass es da noch andere Dimensionen gab.

In jener Zeit hatte sich der Einbruch ereignet, welcher zu der am Anfang beschriebenen Begegnung mit dem Medium führte, der ich keine weitere Beachtung schenkte. Sehr viel drängender wurden diese Fragen, als ich mich von meinem ersten Mann trennte. Von einem Tag auf den anderen stand ich mit vier Kindern allein da – als ehemalige Podologin, die als Astrologin tätig war, sich mit Reinkarnation beschäftigte und dabei noch eine Existenz für sich und ihre Kinder aufbauen wollte. Das Leben hielt eine Lektion für mich bereit und ich spürte, dass es nun galt, Antworten und Erkenntnisse zu gewinnen, die ich für meine weitere Entwicklung brauchte.

Eines Tages fiel mir ein Buch eines Mediums aus Zürich in die Hände, das mich völlig begeisterte. Sie schrieb darin unter anderem, dass es ihr möglich wäre, mit Verstorbenen zu kommunizieren. Dieses Buch öffnete mir die Augen für andere Dimensionen der Wahrnehmung neben denen, die wir sehen und berühren können. Nämlich jene des Fühlens: wie wir uns mit Energie verbinden können und wie wir Menschen einfühlend wahrnehmen können. Mir wurde klar, dass ich als Astrologin sehr intuitiv gearbeitet hatte oder, wie ich später erkannte, sogar sensitiv.

Dieses Medium wollte ich aufsuchen, zumal mein Vater viel zu früh verstorben war und ich immer noch um ihn trauerte. Ich wollte wissen, ob es tatsächlich möglich war, mit Verstorbenen in Kontakt zu treten.

Die Frau wohnte in einem Haus mit vielen Treppen. Ich machte es mir in einem der Polstersessel gemütlich, die oben am Treppenabsatz standen, und wartete. Pünktlich kam die Frau die Stufen zu mir herauf und sagte, noch bevor sie bei mir angekommen war: «Frau Dommann, wollen Sie mich eigentlich testen?» Dieselbe Frage. Jetzt wurde ich hellhörig und fragte nach. Das Medium erklärte mir, dass sie meine sensitiven Fähigkeiten spüren könnte, mit denen ich ja sicher arbeiten würde. Ich war überrascht, denn bisher hatte ich das nicht bewusst getan. Nach der Sitzung machte sie mich auf ein Seminar aufmerksam, das sie am Wochenende geben würde. Sofort spürte ich – das war mein nächster Schritt. Ich buchte das Seminar und fuhr hin. Schon bei der ersten Übung fiel es mir wie Schuppen von den Augen: Was ich in der Astrologie als inspiriertes Vorgehen gedeutet hatte, war offenbar ein sensitives Erspüren und mediales Arbeiten. Plötzlich kamen mir unzählige Begebenheiten aus meiner Kindheit in den Sinn, bei denen sich meine Fähigkeiten längst gezeigt hatten. Stundenlang habe ich mich mit meinen imaginären Freunden beschäftigt, trällerte Melodien, die mir einfach in den Sinn kamen, und spielte mit meinen Puppen, von denen ich überzeugt war, dass sie eine Seele hätten. Eine Situation hat mich über Jahre verfolgt und sehr verängstigt: Ich war damals zehn Jahre alt. Regelmässig besuchte ich den Ballettunterricht. Der Vater einer Freundin brachte mich nach dem Unterricht jeweils mit dem Auto nach Hause. In unserem Haus gab es zwei Eingangstüren und dort sah ich jedes Mal einen Mann, der lässig an der Tür lehnte. Mittlerweile weiss ich, dass es mein Grossvater gewesen war und warum ich ihn wahrgenommen habe. Ich möchte betonen, dass es kein Geist war, sondern meine Hellsichtigkeit mir die Bilder präsentiert hatte. Im klassischen Sinn würde man von einem Jenseitskontakt sprechen.

Rückblickend fügte sich ein Puzzlestück ans andere. Die Ausbildung zum Medium bei dieser Frau in Zürich sollte zu einer Passerelle werden. Ich stiess in einem Gespräch auf das Arthur Findlay College in der englischen Grafschaft Essex, einem Kollegium für Spiritualismus und Parawissenschaften in Stansted Hall. Sofort wusste ich, dass ich dort hinwollte und musste, und buchte mir eine Schweizer Woche, die gerade angeboten wurde.

England empfing mich, wie es nur England kann: ein Nebeltag, es nieselte. Ein Sturm mit heftigen Blitzeinschlägen hatte zuvor gewütet. Viele Bäume lagen am Boden und mir war todschlecht von der Anfahrt im Bus. Ich schleppte mich mit letzter Kraft in die Empfangshalle. Leider war für mich kein Zimmer im Hauptgebäude mehr frei. Die Räume im Nebengebäude waren von lausiger Bauqualität. Die Wände schienen dünner als Papier. Drehte sich der Zimmernachbar im Bett, schien meine ganze «Bude» zu wackeln. Dem Elend nicht genug, musste ich ständig meinen heftigen Husten unterdrücken, um die anderen nicht zu stören, und wurde zu meinem Bedauern ausgerechnet auch noch in eine Gruppe zum Thema Schamanismus eingeteilt. Schamanismus hat seine Berechtigung, doch sagt es mir einfach nicht zu. Ich wollte andere Arten von Sensitivität erlernen.

Wir bastelten Runen, also Steine, die wir mit Schriftzeichen bemalten, um sie als Orakel zu befragen. Ausserdem stellten wir Trommeln her, um gemeinsam zu musizieren. Doch schon bei den ersten Trommelschlägen wurde mir erneut übel. «*You are too sensitive*, du bist zu sensitiv», meinte unsere Tutorin verständnisvoll und schickte mich vor die Tür. Dort verbrachte ich wohl die Hälfte meines Aufenthaltes in Stansted Hall. Ich irrte durch die vielen Gänge, wollte irgendwann wieder zurück zur Gruppe und öffnete eine schwere Eichentür, wo ich gegen einen

Mann prallte. Dies war, im Nachhinein betrachtet, kein Zufall. Das alles führte dazu, dass ich grosse Zweifel bekam, ob ich dort überhaupt am richtigen Ort gewesen war und ob ich wirklich eine Ausbildung zum Medium machen sollte.

Meine Ausbilderin in Zürich bekräftigte dies jedoch immer wieder und verwies mich an ein Medium in Stansted, bei dem ich das nächste Seminar in England buchen sollte. Mit etwas Widerwillen, doch mit frischem Mut, fuhr ich noch einmal hin. Vielleicht ahnst du es schon: Mein Tutor sollte der Mann sein, mit dem ich bei meinem ersten Aufenthalt zusammengeprallt war. Er wurde für viele Jahre mein Ausbilder in England und in Deutschland, wo er ein eigenes Zentrum für mediale Entwicklung führte.

Leidenschaft, Glücksgefühle, grosse Zweifel – alles habe ich in jenen Ausbildungsjahren durchlebt. Das gehört dazu, wenn man seiner Leidenschaft und Berufung folgt. Wir werden immer auf uns zurückgeworfen. Das ist es auch, was ich von meinen Schülern höre, die eine Ausbildung bei mir machen. Trotzdem bin ich unglaublich dankbar für diese Zeit, weil ich meiner Begabung, meiner Sensitivität ein grosses Stück nähergekommen bin. Inzwischen habe ich mein eigenes Zentrum für spirituelles Coaching aufgebaut. Ich darf Menschen auf ihrem Weg sensitiv begleiten, coachen und beraten.

Ich habe sehr viele Bücher gelesen und viele Menschen getroffen, die in diesem Bereich unterwegs sind oder beruflich damit arbeiten. Antrieb für meine Ausbildungen waren meine Fragen, auf die ich Antworten suchte.

Heute weiss ich, dass es nicht *die* Medialität, *das* Universum oder *die* Sensitivität gibt. Wir können vielmehr immer deutlicher erspüren, wie es funktionieren könnte. Und vielleicht ist einiges komplett anders, als wir das bis jetzt gelesen und vermittelt bekommen haben.

Hochsensibilität – Sensitivität – Medialität – wie nehme ich wahr?

Beginnen wir mit einem Überblick über die verschiedenen Wahrnehmungsarten. Du erhältst hier eine kurze Einführung, was Hochsensibilität, Sensitivität und Medialität sind und wie sie sich voneinander unterscheiden.

Hochsensibilität

Wenn du hochsensibel oder hypersensibel bist, nimmst du gewisse Reize, sowohl positive wie negative, stärker wahr. Zum Beispiel können Geräusche eine starke Wirkung auf dich haben. Unter Umständen hältst du es kaum in einem gefüllten Restaurant aus, weil dich der Lärm der verschiedenen Stimmen und des Hantierens mit dem Geschirr völlig überfordert. Im Allgemeinen spricht man davon, dass diese Menschen fünf feiner ausgeprägte, körperliche Sinne haben als andere. Hypersensible Personen hören, riechen, schmecken, sehen und fühlen differenzierter als andere. Das kann schnell zu Reizüberflutungen führen.

Meine Freundin beispielsweise kann gewisse Parfüms überhaupt nicht ertragen und nutzt mittlerweile auch keine mehr. Gleichzeitig habe ich noch nie jemanden gesehen, der sich so sehr am feinen Duft einer noch so kleinen Blume erfreuen kann. Ausserdem erkennt sie den Duft einer Wiesenblume von Weitem.

Sensitivität

Wir sind alle sensitiv. Alle besitzen die Fähigkeit, Energie und Gefühle beim anderen zu erspüren.

Sensitive müssen nicht zwingend über eine besondere Ausprägung der fünf körperlichen Sinne verfügen. Oft spricht man bei Sensitiven davon, dass sie einen sechsten oder siebten Sinn haben.

Wenn wir sensitiv wahrnehmen, erspüren wir die feinstoffliche Energie von Lebewesen. Das können Ereignisse, Erinnerungen oder Lebenssituationen sein. Wir spüren, ob jemand verheiratet ist oder nicht, ob Kinder da sind, in welcher psychischen und physischen Situation sich dieser Mensch befindet und vieles mehr. Diese Informationen trägt jeder Mensch in seinem Energiefeld. Natürlich ist es ebenso möglich, Informationen über Geschehenes an Orten oder Gegenständen wahrzunehmen.

Wenn du sensitiv bist, kannst du Dinge wahrnehmen, die in der Vergangenheit, in der Gegenwart oder als Potenzial in der Zukunft liegen. Dabei stehen dir verschiedene Sinne zur Verfügung, vor allem aber bist du hellfühlend. Du fühlst, dass jemand Kinder hat. Du spürst, dass jemand ein Problem mit der Gesundheit hat. Du erfasst den Konflikt, der zwischen zwei Personen im Raum besteht. Dabei kann es sein, dass du hellsichtig, hellhörend, hellriechend, hellschmeckend oder hellwissend bist. Diese Sinne, wie deren jeweiliger Name schon sagt, beziehen sich auf die Art und Weise, wie du die Dinge wahrnimmst. Vielleicht siehst du ein Bild des Partners vom Gegenüber oder es geht ein ganzer Film los, wenn du in Kontakt mit einer Person bist. Du hörst das Lied, das die Mutter ihrem Kind vorsingt, bevor es einschläft. Du riechst innerlich den Duft des Apfelkuchens. Du schmeckst das Süsse des Weihnachtsgebäckes auf der Zunge. Meistens sind die Sinne miteinander gekoppelt. Das Hellwissen ist eine Ausnahme. Da gibt es keinen Duft, kein Bild, kein Riechen oder Schmecken und keinen Ton dazu. Hellwissende wissen «einfach», dass es so ist. Das macht die Sache eben nicht weniger kompliziert und braucht viel Vertrauen in die eigene Wahrnehmung.

All jene Sinne spielen eine grosse Rolle bei Sensitiven und können geschult, entwickelt und genutzt werden. Umso bewusster du deine Sinne wahrnimmst, entwickelt und geschult hast, je mehr Übung du darin hast, deine Wahrnehmung auszudrücken, desto sicherer vertraust du dem Gefühlten. So fühlst du dann beispielsweise, dass deine Arbeitskollegin genervt ist. Oder du kannst vor deinem inneren Auge sehen, dass ihr Auto nicht angesprungen ist. Vielleicht spürst du körperlich, dass sich bei ihr eine Hektik im Innern aufgebaut hat. Sensitive Menschen haben einen direkten Zugang zu der intuitiven Seite ihres Bewusstseins.

Sensitivität kann zu Beginn, wenn wir noch nicht wissen, wie wir damit umgehen können, als Belastung empfunden werden. Etwa, wenn wir Stimmungen von anderen Personen unbewusst übernehmen. Für mich war es äusserst wichtig, diese Wahrnehmungen zu verstehen und mich in bestimmten Fällen auch davon zu distanzieren.

Medialität

Das Wort «Medium» kommt aus dem Lateinischen und bedeutet «Mitte» oder auch «in der Mitte zwischen». Deshalb steht Medialität für das Übermitteln von Nachrichten aus der geistigen Welt, dem Jenseits, von Verstorbenen, Geistführern oder anderen Wesen. «Geistführer» nennt man Begleitenergien, die uns schulen, beschützen und unterstützen. Es ist ein Ausdruck, der in der Medialität oft verwendet wird. Besonders bei der Arbeit mit Trance haben die Geistführer eine grosse Bedeutung.

Zur mentalen Medialität – «mental» bedeutet «den Geist, den Verstand betreffend» – oder gedanklichen Medialität zählt ausserdem inspiriertes Sprechen, Schreiben und Trance. Oft werden mediale Erfahrungen, damit meine ich Erfahrungen, die wir unvermittelt im Alltag machen, mit Geistergeschichten gleichgesetzt. Diese können beängstigen oder Zweifel am eigenen Verstand auslösen. Etwa so, wie es mir als Kind ging, wovon ich einleitend erzählt habe.

Durch meine Erfahrungen weiss ich heute, dass wir nicht an ein Jenseits glauben müssen, um mit einem Verstorbenen in Kontakt zu kommen. Dazu aber später mehr.

Sensitivität und Medialität gehören zusammen

Sensitivität ist die Basis aller Wahrnehmungsdisziplinen. Medialität und ebenso Trance setzen Sensitivität voraus. Beides sind sozusagen Wahrnehmungsweisen, die auf Sensitivität aufbauen.

Früher galt Medialität als Königsdisziplin. Mit ihr liessen sich gute Erfolge vor Publikum erzielen und umgekehrt waren Kontakte zu Verstorbenen – zum Teil sind sie das heute noch – beim Publikum sehr gefragt. Viele Teilnehmer waren enttäuscht, wenn wir Kursleiter in medialen Seminaren, wie sie vor Jahren boomten, sensitive Übungen einbauten. Sie wollten direkt in Kontakt mit Verstorbenen treten. Doch Sensitivität ist unabdingbare Voraussetzung dafür.

In meiner Lehrzeit in England wurde uns ein einfaches Bild vermittelt: Verstorbene Seelen befinden sich in einer geistigen Welt, wo sie sich weiterentwickeln. Wir Menschen können mit diesen Seelen in Verbindung treten. Sehr vereinfacht ausgedrückt, fährt ein Medium hierfür seine Antennen aus und spürt oder schaut, wer erreichbar oder gerade anwesend ist. Oft beschreiben Medien, die Verstorbenen würden an sie herantreten. Meine Erfahrung lehrte mich jedoch, dass durch das Ausfahren der Antennen – oder anders gesagt, durch unsere hellsichtigen Sinne –, die energetischen Verbindungen zur spürbaren Energie aktiviert werden. Auf diese Weise entsteht der Eindruck, jemand würde an mich herantreten. Ich aber gehe davon aus, dass ich mich als Medium in die energetische Verbindung «einlogge».

Wir sollten Medialität allerdings differenziert betrachten. Nicht die Medialität als Begriff oder dass es Medialität gibt, sondern vielmehr das Verständnis, wie ein solcher Kontakt zustande kommt oder was wir mit dem Jenseits meinen. Aber dazu mehr später im Buch. Mit zunehmender Erfahrung habe ich herausgefunden, dass es viel einfacher ist, unser Gegenüber als Kanal zu benutzen, das bedeutet, mit der Energie dieser Person in Verbindung zu treten. Du kannst dir das ungefähr so vorstellen, als würdest du mit einem Lift durch das Energiefeld deines Gegenübers fahren und schauen, in welche energetische Spur dich diese Person bringt. Wir denken oft an unsere Verstorbenen, um den Verlust zu verarbeiten. Dadurch bleiben die Kanäle offen und machen die Energie spürbar. Inzwischen bin ich überzeugt, dass der Klient das Medium ist und nicht ich selbst. Er steht in der Mitte, als Verbindungsglied zwischen dem Universum und mir. Ich drücke lediglich aus, was ich im sensitiven Kontakt mit dem Ratsuchenden über die Kanäle erspüre, die er geöffnet hat.

Tote geben keine Ratschläge. Zumindest sollten wir kritisch damit sein. Verstorbene zeigen sich uns, wie sie im Leben waren, sonst würden wir sie niemals erkennen. Kontakte mit Verstorbenen helfen uns nur dabei, Erinnerungen zu teilen, den Abschied zu erleichtern oder etwa, um einen Dank auszusprechen.

Das Flackern einer Kerze oder die Bewegung eines Vorhanges sind nicht partout Zeichen von Verstorbenen. Wir verfügen über viel eigene Energie. Besonders wenn wir uns in einer Ausnahmesituation befinden, ist es uns möglich, Dinge mit der Energie, die wir aussenden, in Bewegung zu setzen. Das kann eben auch das Flackern einer Kerze sein.

Werden die Emotionen und die Erinnerung an eine verstorbene Person in uns wach, kann uns das Gänsehaut bescheren. Oder wir spüren ein wohliges, warmes Gefühl, das uns plötzlich durchfliesst. Diese Phänomene produziert unser Körper. Unser vegetatives Nervensystem schickt uns Zeichen, die mit einer Erinnerung verknüpft sind und die uns zeigen, dass wir energetisch mit einer Person in Verbindung stehen. Bitte trenne dich von der Vorstellung, dass uns Menschen aus der geistigen Welt umarmen. Das gibt es nicht.

Die Erfahrung hat mir gezeigt, dass ganz vieles von dem, was wir einer parallelen oder geistigen Welt zuschreiben, unsere eigene Kraft und damit in uns zu finden ist.

Ich werde nun gerne weiter auf das eigentliche Thema dieses Buches eingehen und dir mehr über Sensitivität darlegen.

Öffne die Wahrnehmung für dich

Dieses Buch zeigt dir Möglichkeiten auf, wie du mit deiner Wahrnehmung umgehen kannst. Es entstand während einer grossen persönlichen Lebenskrise. 2016 spürte ich bei meinem zweiten Mann eine Veränderung. Er distanzierte sich emotional von mir, obwohl sich sein Verhalten und seine Liebesbezeugungen nicht verändert hatten. Nach fast 24 Jahren Zusammenleben fühlte es sich bemüht und unehrlich an. Wenn ich genauer hineinspürte, also mit seiner Energie in Verbindung trat, war mir klar (hellwissend), dass er eine aussereheliche Beziehung führte. Mir war es wichtig zu wissen, ob es die richtige Wahrnehmung war. Deswegen haben wir oft darüber gesprochen. Er verneinte mein inneres Gefühl, liess sich aber trotzdem auf mehrere Paartherapien ein. Ende 2020 wurde meine Ahnung, dass er eine Freundin hatte, Gewissheit. Alles, was ich in den letzten Jahren gespürt hatte, wurde innert weniger Minuten real. Das, was mir im Leben das Wichtigste war – Partnerschaft, Frau sein, Mutter sein und die Tätigkeit als spirituelle Trainerin – war infrage gestellt. Es gab durchaus Momente, in denen ich den Glauben an mich, an das Leben und an die Liebe verloren hatte. Mittlerweile ist mir bewusst, dass in jener Zeit ganz tiefsitzende Muster und Glaubenssätze die Führung übernommen hatten. Trotz der jahrelangen Arbeit mit diesen Mustern, ihrem Erkennen und Integrieren in mein inneres System, gab mir diese Krise eine weitere Chance, noch tiefer an meinen Kern zu gelangen. Solche Prozesse können sehr schmerzhaft sein. An dieser Stelle meinen grossen Dank an meine Kinder und an meine Freunde. Sie waren immer für mich da und haben mir all das Vertrauen und die Liebe geschenkt, die ich in dieser Zeit so nötig hatte.

Mit diesem Buch möchte ich dir Mut machen, solltest du dich ebenfalls in einer ähnlichen Krisensituation befinden. Sei und bleibe sensitiv mit dir. Selbst wenn du genauso wenig wie ich damals verstehen kannst, wie jemand anderes so handeln kann.

Frage nicht nach dem Warum, denn voraussichtlich wirst du keine Antwort bekommen. Nimm die Situation an, wie sie ist. So kann es dir gelingen, die Verletzung, die du erfahren hast, anzunehmen. Es wird dir möglich, Entscheidungen zu treffen, die für dich stimmig sind. Dass du der «auslösenden Person» vergeben kannst, weil sie scheinbar nicht anders handeln konnte, gelingt dann vielleicht besser. Plötzlich ist alles nicht mehr so wichtig, weil du spürst, dass sie ihre Verantwortung für den Anteil an der Situation übernehmen sollte, welche sie verursacht hat. Du hast nur die Verantwortung für dich und dein Handeln. Also kümmere dich um dich.

Lass dich auf DICH selbst ein. Auch wenn es anstrengend, traurig und einsam ist. Du bist es wert, das für dich zu tun. Es folgt eine kleine Übung, die du täglich ausführen kannst. Am besten immer dann, wenn es dir schwerfällt, überhaupt noch etwas Positives zu sehen, denn wir verlieren den Blick für das Gute im Leben, wenn es uns schlecht geht.

ÜBUNG

Zehn Dinge, die dich glücklich machen

Schreibe jeden Abend zehn kleine Dinge auf, die an diesem Tag geglückt sind. Notiere dir auch das Gefühl dazu. Zum Beispiel:

- *Meine Nachbarin hat mich im Hausflur freundlich gegrüsst. Gefühl dazu: Ich werde gesehen und schätze den Kontakt.*
- *Ich habe trotz miesem Wetter einen Spaziergang gemacht. Gefühl dazu: Die frische Luft tut mir gut.*
- *Ich bin gesund aufgestanden. Gefühl dazu: Ich bin dankbar dafür.*

Solche kleinen, freudigen Begebenheiten sind Balsam für unsere «Seele». Sie verhelfen uns zu einem inneren Gleichgewicht, das uns auch in schwierigen Zeiten unterstützt, die Balance zu halten. Positive Begebenheiten bestärken uns darin, den Verstand zu überlisten und mehr aus der Wahrnehmung heraus zu handeln anstatt aus dem Denken. Jede Erkenntnis darüber, was möglich ist, bringt uns näher an unser Potenzial heran.

Ich spüre mittlerweile immer mehr, dass am Ende eine wundervolle Zukunft steht, wenn ich mich auf den Prozess einlasse. Selbst wenn ich genau weiss, dass das Leben vermutlich eine neue Lernaufgabe für mich bereithalten wird.

In Wahrheit spürt jeder von uns diese Energien, die uns umgeben, egal ob bewusst oder nicht. Allesamt können wir lernen, unsere Fühler weiter auszustrecken und spezifischer wahrzunehmen. Bevor wir unsere Sensitivität auf andere anwenden, ist es nötig, dass wir uns selbst kennenlernen. Die eigene Lebenserfahrung ist wichtig, denn sie fördert das Einfühlungsvermögen. Indem wir erkennen, wie wir uns selbst wahrnehmen und welche Energien auf den Körper, auf unser Innerstes einwirken, lernen wir, wie alles miteinander verbunden ist. Um zu verstehen, was wir in uns tragen, sollten wir in uns hineinspüren.

Wir versuchen oft, Zusammenhänge zu verstehen, vor allem dann, wenn das Gefühl aufkommt, dass wir keine Kontrolle haben oder zu einem Opfer der Situation werden. Dann scheint uns der Kontakt mit Verstorbenen, Engeln oder Begleitenergien tröstend. Warum suchen wir denn im Aussen? Wir tragen all das in uns. Selbst das Göttliche wohnt in uns. Schützende Energie ist ein Teil von uns. Genauso wie Heilenergie. Diese Energien gehören zu unserem inneren System. Sie sind Teil der Urkraft, die uns trägt. In jedem von uns wohnt das Schöpferische. Die Religionen machen uns zwar glauben, es existiere eine Ur-Energie ausserhalb von uns, aber die Gestaltungskraft liegt in uns.

Als fühlender Mensch kannst du mit der in dir vorhandenen Energie, also mit deinem System, eine Verbindung eingehen. Deshalb ist es an der Zeit, das Fühlen und Denken zusammenzubringen. Dadurch kannst du dein Potenzial nutzen. Ein möglicher Weg dazu ist die Meditation.

Durch regelmässiges Meditieren entwickelt sich allmählich

ein Bewusstsein für die eigene Seele und ihre Urkraft. Die folgende ist eine meiner Lieblingsmeditationen.

MEDITATION

Ich und Ich

Setze dich auf einen Stuhl. Schliesse deine Augen.

Atme ein paarmal tief ein und aus.

Folge dem Atem beim Einatmen. Nimm wahr, wie der Atem den Körper mit frischer Energie füllt. Beim Ausatmen kannst du loslassen, was dir gerade durch den Kopf geht.

Lass den Atem in seinem eigenen Rhythmus fliessen.

Richte deinen Fokus auf deine Körpermitte. Stelle dir vor, dort sei ein Licht. Mit jedem Atemzug wird das Licht grösser, bis es so gross ist, dass dein Körper ganz erfüllt ist mit deinem Licht. Dieses Licht steht symbolisch für deine eigene Energie.

Geniesse dieses Licht, du hast jetzt deine Energie aufgebaut.

Tauche tiefer und tiefer in dieses Licht ein.

Spüre, was da verborgen ist.

Wie einzigartig du bist.

Nimm wahr, wie sich deine Energie anfühlt.

Was fühlt sich besonders gut an?

Wo spürst du, dass du noch mehr Energie hineingeben kannst?

Fülle diesen Teil, falls es einen gibt, indem du dir vorstellst, dass dein Licht dort immer strahlender wird.

Bleib so lange sitzen, bis es für dich okay ist.

Bewege dann langsam deine Hände und Füsse, den Nacken und die Schultern und öffne danach die Augen.

Hab Geduld mit dir. Es braucht etwas Zeit, bis man sich seiner Empfindungen in der Meditation klar wird. Es geht dabei nicht um Bilder und Gedanken, sondern um Empfindungen.

Deine eigene Energie ist der Ausgangspunkt für jede Meditation. Jeder Mensch arbeitet zuerst mit seiner eigenen Energie. Du kannst diese nicht erzwingen oder mit dem Intellekt herbeiführen. Du gelangst über Präsenz, Offenheit, Geduld und Liebe dir selbst gegenüber zu ihr.

Ich erkenne meine Sensitivität

Bevor sensitive Menschen ihre Sensitivität erkennen, sind sie oft dem Leben, sprich den Empfindungen und Emotionen, die sie spüren, ausgeliefert. Viele meiner Klienten und Schüler berichten davon, dass sie sich in gewissen Momenten unwohl oder energetisch ausgelaugt fühlen. Es kann sein, dass du Probleme, die in der Luft liegen, auf dich beziehst. Selbst dann, wenn es keinen Grund dafür gibt. Du fühlst dich schnell schlapp oder ziehst dich traurig oder missverstanden zurück. Natürlich lassen sich Sensitive gleichermassen von positiven Ereignissen und Wahrnehmungen beflügeln. Das zeigt sich vor allem in jungen Jahren: Sensitiv Wahrnehmende entwickeln immer wieder eine gewisse Abhängigkeit von der energetischen Umgebung, damit sie durch den Tag kommen. In manchen Fällen kann das bis zur Vermeidung von Gruppen, Treffen oder Alltäglichem gehen, bei denen Sensitive sich nicht wohlfühlen. Hierbei spreche ich nicht von der bereits beschriebenen Hypersensibilität. Oftmals versuchen wir, Begebenheiten generell energetisch auszugleichen, ohne wirklich zu wissen, was wir da tun. Es ist zu Beginn des Bewusstwerdens schwierig, die Grenzen der eigenen Wahrnehmung für sich zu verstehen oder umzusetzen. Sensitive haben ihre «Antennen» für die Emotionen vom Gegenüber oder die Energie im Raum ausgestreckt und können erst nach einer gewissen Zeit oder durch Übung erkennen, was zu ihnen gehört und was sie von den anderen Menschen wahrnehmen. Hier ein kleines, aber bekanntes Beispiel: Hast du direkt bei der Ankunft beim letzten Familientreffen gespürt, dass dicke Luft herrscht? Fragtest du dich, ob es mit dir zu tun hat? Ob deine Familie immer noch verärgert ist, weil du beim letzten Treffen zu viel politisiert und deine Meinung vertreten hast? Oder liegt es einfach am schlechten Wetter, das allen die Stimmung verhagelt?

Sensitives Wahrnehmen ist die Kunst, die Welt um sich herum anders und tiefgründiger zu entdecken und sie dadurch in einem neuen Licht wahrzunehmen, als wir dies im «normalen» Alltagstrott tun. Ein sensitiver Mensch stimmt sich mit allen Sinnen auf seine Mitmenschen ein. Er erspürt, was im Gegenüber aktuell vor sich geht.

Besonders beim Erfassen des Gegenübers im Alltag leistet uns sensitives Wahrnehmen gute Dienste. Sie zeigt uns, wie die Beziehungen einer Familie, in der Partnerschaft, unter Freundinnen und Freunden oder im Arbeitsumfeld angelegt sind. Sie kann auch bei der Lösung eines Problems zum Einsatz kommen: Aus den vorhandenen Informationen lässt sich durchaus eine Hilfestellung lesen. Alles, was den Menschen ausmacht, ist in seiner Aura, in seiner Energie, auf seinem Körper und in jeder Zelle seines Körpers gespeichert.

Sensitiv zu sein, birgt auch Risiken. Für einen sensitiv wahrnehmenden Menschen wäre es ein Leichtes, sich mit einer Wolke zu umgeben, die ihn weit weg vom täglichen Leben führt. Wer energetisch arbeitet, begibt sich in einen anderen Bewusstseinszustand. Je nach Arbeitsebene agieren die Hirnwellen unterschiedlich. Sie können nur wenig von ihrer ursprünglichen Bewegung abweichen oder bis zur Trance führen, was eine grosse Veränderung der Wellen bedeutet. Dabei ist es einfach, in andere Sphären abzutauchen oder den Boden unter den Füssen zu verlieren, was wiederum nicht hilfreich ist, um den Alltag zu bewältigen.

Sobald du dein eigenes Potenzial und deine eigene Sensitivität erkannt und angenommen hast, ist es eine Gabe, ein Werkzeug, um den Anderen, aber auch dir selbst, toleranter zu begegnen und das Verständnis untereinander zu fördern.

Ich präzisiere an dieser Stelle noch etwas: Es gibt Menschen, die sich selbst kaum wahrnehmen und dennoch sensitiv sind. Wie viele Mitarbeitende im Pflegebereich oder in Hilfsorganisationen handeln überaus einfühlsam und zugewandt im Umgang mit anderen, nehmen aber ihre eigenen Bedürfnisse nach Ruhe und Abgrenzung nicht wahr? Sich selbst wahrzunehmen, ist bereichernd. Ich lade dich dazu ein.

Prägungen auf dem Weg zu mir selbst

In der Kindheit werden Seele und Charakter geprägt. Dazu erfährst du später noch mehr. Zum einen bringen uns unsere Eltern bei, uns gesellschaftlichen Rollen oder Normen anzupassen. Zum anderen integrieren wir selbst auch Erlebnisse in unser System. Mit dem System meine ich die inneren Muster, unsere Glaubenssätze sowie unsere Vorstellung von uns und unserem Leben. Überdies beeinflusst der Charakter unserer Eltern unsere Entwicklung, denn dieser ist aufgrund ihrer Erfahrungen geformt worden. Deswegen sind sie beispielsweise liebevoll, aufopfernd, herrschsüchtig, kontrollierend, unausgeglichen – kurz: Sie leben die Bandbreite des Lebens. Meine Mutter ist in einem Arzthaushalt aufgewachsen und lernte schon sehr früh, dass es vermeintlich für jede Beschwerde eine Pille gibt. Als ich ein Kind war und öfters nicht schlafen konnte, gab sie mir, wirklich gut gemeint, ein Schlafmittel. Für sie war es ganz normal, dass man sich am Apothekerschrank bediente, wenn einem unwohl war.

Da wir als Kleinkinder spüren, dass wir allein nicht lebensfähig sind, sind wir überzeugt, dass es unseren sicheren Tod bedeuten würde, wenn wir uns nicht anpassen. Unser ganzes Wesen ist auf «leben» ausgerichtet und somit liegt es in unserer Natur, lieber einen Teil von uns zu opfern, als ganz unterzugehen. Ich bin mit zwei Brüdern aufgewachsen und habe es geliebt, mich dreckig zu machen. Ich mochte es, am Bach zu spielen und mich richtig im Dreck einzubuddeln. Meine Mutter hat sich ihre Tochter allerdings ganz anders vorgestellt: sauber, im schönen Röckchen mit weissen Strümpfen. Ich, zum Beispiel, schlüpfte für sie in die Prinzessinnenrolle, obwohl ich noch Dreck unter den Fingernägeln hatte. Das hat mich insofern geprägt, als dass ich diese Rolle nie erfüllen konnte, aber noch heute manchmal versuche, ein Prinzesschen zu sein. Dies gelingt mehr oder weniger gut. Mit unseren Prägungen laufen wir Gefahr, auch in anderen Lebenssituationen der Vorstellung unserer Mitmenschen oder von uns selbst entsprechen zu wollen.

Ich lebe sensitiv

Sensitivität im Alltag zu leben bedeutet, dich mit der Energie der Person zu verbinden, die dir gegenübersteht. Ein sensitiver Mensch, der weiss, dass er es ist, fährt bewusst seine Antennen aus, um mit dem Gegenüber in Kontakt zu treten. Das gelingt nicht aus dem Stegreif und oft können wir es nicht steuern. Umso mehr du Ja sagst zu deiner Fähigkeit, desto bewusster wird es dir gelingen.

Natürlich werden wir stets Vergleiche mit unseren eigenen Erfahrungen machen. Darin besteht ein gewisses Risiko. Du solltest nicht von dir auf andere schliessen. Nehmen wir ein Beispiel: Ein Bekannter von dir muss einen kleinen operativen Eingriff machen lassen. Du kannst in dieser Situation mitfühlend sein. Du spürst, dass diese Operation glimpflich verlaufen wird. Trotzdem kann ein schlechtes Gefühl aufkommen, weil du eine Erinnerung an deinen letzten Eingriff hast, der dir viele Schmerzen bereitet hat. Prüfe in deinem Innern, ob du an deine eigene Operation denkst oder ob du noch mit deiner Energie bei deinem Bekannten bist. Das braucht Übung, wird dir aber immer besser gelingen.

Eine komplett neutrale Haltung ist für niemanden von uns möglich, da jederzeit eigene Verletzungen, Prägungen oder Erfahrungen mitschwingen. Jedoch können wir eine möglichst objektive Haltung lernen: Versuche zum Beispiel, einmal unparteilich zu einem Familienfest zu gehen. Übe dich darin, tolerant zu sein, auch wenn du mit Entsetzen an deine Tante denkst, die häufig zu viel redet und fast nie zuhört. Oder an deine Cousine, die schon wieder von ihren «superintelligenten» Kindern spricht. Versuche, als Beobachter auf dieses Fest zu gehen. Erspüre, wer welche Rolle übernimmt. Fühle dich in deine Tante oder Cousine hinein und nehme wahr, was hinter diesem Redeschwall steht. Was spürst du, wie diese Personen funktionieren? Welche Schwachpunkte klingen bei dir an und weshalb? Zu welchen Charakteren fühlst du dich hingezogen oder wo erkennst du dich?

Eine möglichst neutrale Haltung erlangst du, indem du übersetzt, was du empfindest.

Ist dein Gegenüber verärgert, nimmst du dieses Gefühl wahr. Es kann sein, dass du Ärger körperlich spürst (hellspürend). Das hat nichts mit dir zu tun. Deshalb sollte die Rückkopplung zu dir erfolgen: Ist es meine Wut oder meine Frustration oder die des Gegenübers? Wenn du dies innerlich geklärt hast, erspüre in einem zweiten Schritt, was die Verärgerung ausgelöst haben könnte. Handelt es sich um eine banale Begebenheit? Hat dein Gegenüber zum Beispiel den Kaffee auf dem Weg zur Arbeit verschüttet, mit oder ohne Flecken auf dem Hemd? Oder liegt dem «sauer sein» ein komplexes Thema zugrunde? Erlaube dir, dich Schritt für Schritt voranzuarbeiten. Als ob du eine Zwiebel schälen würdest. Dies klingt wahrscheinlich sehr langwierig. Du wirst aber merken, dass dies in wenigen Sekunden passiert.

Oft ist uns nicht klar, was wir beim anderen Menschen spüren. Oder besser gesagt, was wir wahrnehmen, verstehen wir verstandesmässig nicht und es macht für uns keinen Sinn. Darum geht es auch gar nicht. Du musst nicht verstehen, was du erfühlst. Es ist deine Aufgabe, dem Gegenüber wertfrei deine Bilder, das Erspürte oder das Erhörte – je nach Hellsinn – zu übersetzen. In wertfreien, achtsamen Worten drückst du aus, was du gerade fühlst oder empfindest. Deine Aussagen sollten nie wertend und genauso wenig einordnend sein. Beschreibe lediglich den Eindruck, den du wahrgenommen hast. Natürlich gelingt das nicht immer, aber je häufiger du es versuchst, desto besser geht es.

Mit der folgenden Meditation fühlst du in dich hinein und erspürst deine Einzigartigkeit.

MEDITATION

Das bin ich! Spüre deine Grösse.

Nimm dir einen Augenblick Zeit, um deinen Gedanken nachzuhängen.

Schliesse deine Augen. Vergegenwärtige dir eine Situation, in der du besonders glücklich warst. Mache dies bewusst auf der Ebene der Wahrnehmung, indem du in das Gefühl hineingehst. Wie habe ich mich dabei gefühlt? Welche Qualität hat diesen besonderen Augenblick geprägt? War ich besonders offen? War ich grosszügig? Lustig? Fühlte ich mich auf einmal frei von allen Verpflichtungen und war ganz ruhig?

Nach und nach spürst du deutlicher, welche Eigenschaft am meisten zum Glücksempfinden beigetragen hat. Knüpfe dort an und gehe noch tiefer hinein: Was hat beispielsweise die Offenheit begünstigt? Warst du offen, weil du eine grosse Dankbarkeit empfunden hast? Warst du dankbar, weil du dich sicher gefühlt hast? Oder weil du dich frei gefühlt hast?

Erkunde die Situation und das Gefühl intensiv. So wird dir bewusst, welche Qualität du zu deinen eigenen zählen kannst.

Schenke deiner Qualität bewusste Aufmerksamkeit, indem du sie freudig begrüsst. Durch diese Würdigung kann sich deine Stärke weiter entfalten.

Bleib so lange sitzen, bis es für dich okay ist.

Bewege dann langsam deine Hände und Füsse, den Nacken und die Schultern und öffne danach die Augen.

Drei Argumente, weshalb du deine Stärken kennen solltest:

- Deine Stärken helfen dir, dich zu positionieren.
- Du kannst dein Potenzial voll ausschöpfen.
- Du wirst selbstbewusster und entwickelst Selbstvertrauen.

Meine Wahrnehmung für mich und andere

Menschen und der Kontakt mit ihnen haben mich immer fasziniert. Doch bei all der Bereicherung, die Freundschaften und ein lebendiger Austausch mit sich bringen können, kam ich zeitweilen auch gründlich unter die Räder. Unter allen Charakteren gibt es auch Leute, die einem weniger wohlgesinnt sind.

Du kennst es vielleicht, dass ausgerechnet deine beste Freundin den Typen abschleppt, für den du schon lange geschwärmt hast? Immer wieder hast du ihr von den flüchtigen Begegnungen mit diesem Mann erzählt. Selbst wenn du nie ein Sterbenswort darüber verloren hast, dass du ein wenig verliebt bist, hätte sie doch spüren können, wie sehr du ihn magst. Als Mädchen und noch als junge Frau ging ich blauäugig auf Menschen zu. Ich war der festen Überzeugung, alle würden genauso ticken wie ich und daher ähnlich, wenn nicht sogar gleich empfinden, fühlen und handeln.

Gerade im Familienkreis erkannte ich bald, wer was in welcher Situation benötigte – und lernte dabei, dass es manchmal besser war, meine Wahrnehmungen nicht auszusprechen. Etwa dann, wenn zwischen meinen Eltern dicke Luft herrschte. Ich hielt mich zurück, meinem Bruder zu helfen und ihn auf seine inneren Konflikte anzusprechen, obwohl ich wusste, dass er tiefsitzende Probleme wälzte. Das tut mir bis heute leid. Meine Eindrücke und Empfindungen gingen über alltägliche Situationen wie diese hinaus: Mir war schnell klar, wie die Beziehungen in der Familie angelegt waren, wer sich im grösseren Familienumfeld aus dem Weg ging oder welche Personen sich gegenseitig unterstützten. In der Schule wusste ich, wer wirklich Interesse an mir zeigte oder wer mich nur ausnutzte. Ein solches Gefühl kennst du bestimmt auch. Diese Wahrnehmung allein genügte mir nicht. Mich beschäftigten die Vorgänge dahinter: Warum handeln Menschen so und nicht anders?

Meine Freundinnen oder Schulkolleginnen fanden mich an einem Tag grossartig und liessen mich tags darauf links liegen. Wie Kinder halt sind. Das ging so weit, dass sie mir sagten, welche Kleider ich anziehen müsste, damit sie mit mir sprächen. Tat ich es nicht, schlossen sie mich aus. Ich passte mich an, weil ich dazugehören wollte. Dabei bediente ich mich eines Musters, das viele Menschen anwenden: Ich wurde mir gegenüber untreu, indem ich so funktionierte, wie die anderen es sich wünschten. Dabei entfernte ich mich zunehmend von mir selbst. Bisweilen litt ich darunter.

Ich erinnere mich, wie ich mich als zehnjähriges Mädchen abends im Bett wälzte, aufgewühlt von dem Gefühl, der Streit zwischen meinen Geschwistern läge in meiner Verantwortung oder es sei meine Schuld, dass in unserer Familie dicke Luft herrschte. Ich lernte, zu funktionieren und diesen Empfindungen keinen Raum mehr zu geben. Indem ich meine sensitive Seite unterdrückte, behielt ich die Kontrolle über meine Emotionen und Wahrnehmungen. Ich wollte nicht so sein, weil die anderen mich so ablehnten.

Als Zehnjährige wollten meine Eltern, dass ich eine Psychiaterin aufsuchte, weil ich am liebsten alleine in meinem Zimmer spielte und mich von meinen Schulkameraden fernhielt. Gelegentlich schlich ich mich sogar aus der Schule, weil ich die Energie, die Stimmung und die Spannung im Klassenraum nicht aushielt. Ich hatte noch nicht gelernt, wie ich mich von diesen Eindrücken abgrenzen konnte. Es blieb allerdings bei einer einzigen Konsultation. Bei dieser Sitzung erzählte mir die Dame, dass sie als Kind nicht unter Menschen gehen wollte und auch jetzt als Erwachsene immer noch Schwierigkeiten hatte, ins Kino oder in ein Einkaufszentrum zu gehen. Sie meinte, es wäre für sie ein Graus, wenn mehr als drei Leute zusammenstünden, da sie Angst davor hatte, sich mit irgendwelchen Viren oder Bakterien zu infizieren. Solche Begebenheiten würde sie meiden, wann immer möglich. Sie berichtete, welche Strategien sie bis heute fahren würde, um nicht unter Leute zu gehen. Wahrscheinlich wollte sie mein Vertrauen mit diesen Aussagen gewinnen. Für mich war es eher abschreckend, da ich mir Hilfe davon versprochen hatte, wenn ich zu diesen Treffen ging. Ich hatte wirklich keine Angst vor Krankheiten, sondern wollte einfach wie alle anderen Kinder sein. Die Vorstellung, ich würde den Rest meines Lebens allein in meinem Zimmer verbringen, erschreckte mich viel mehr. Ich mochte meine Schulfreunde und liebte meine Familie und mein Wunsch war es, Freunde zu finden, die mich akzeptierten. Wie sollte diese Frau mir helfen, wenn sie ihre eigenen Probleme nicht gelöst hatte? Das war mir damals klar und ich sagte es ihr sehr direkt. Danach weigerte ich mich, weiterhin zu ihr zu gehen.

Diese Erfahrungen zeigten mir, dass ich nur anerkannt war, wenn ich mich anpasste. Und so gab ich für eine gewisse Zeit auf und fügte mich. Das Leben fühlte sich dadurch gleichförmiger an, doch glücklicher machte es mich nicht.

Im Gegenteil: Ich fühlte mich zunehmend einsamer, zumal ich in der Begegnung mit anderen Leuten sehr vorsichtig wurde oder dominant und feindselig auftrat. Ich mied Menschen, sogar meine Familie. Aber ich wählte einen helfenden Beruf. Dort konnte ich meine Sensitivität ausleben. Ich spürte schon als Podologin sehr genau, was meine Patienten brauchten, und konnte ihnen ein Gefühl von Sicherheit vermitteln. Vor allem als junge und später auch als reifere Mutter konnte ich meine sensitive Ader in allen Facetten ausleben.

Ich begann, meine Sensitivität zu schulen. Impulse dazu gaben mir verschiedenste Menschen, die mich auch in unterschiedlichen Lebensphasen begleiteten. Das Entdecken meiner Sensitivität war eine Befreiung für mich. Endlich konnte ich in Worte fassen, was mir insgeheim seit jeher bewusst war. Auch die Reaktionen der Menschen auf meine Empfindungen brachten mich auf diesem Weg weiter. Leute, die mir bestätigten, dass ich richtig lag mit den Eindrücken, die ich von ihnen hatte. So zum Beispiel eine Arbeitskollegin, die todunglücklich war in ihrer Beziehung und eigentlich nur von ihrem Mann wegwollte. Dauernd war sie krank, hatte unzählige kleine Unfälle. Dennoch spielte sie mir gegenüber die Rolle der perfekten Ehefrau und Mutter, bis ich sie eines Tages darauf ansprach. Wie sie mir später bestätigte, war es sehr befreiend für sie, dass endlich jemand die Ursache für ihr damaliges Unglück erkannt hatte, auch wenn sie zuerst einiges verneinte, was ich gesagt hatte.

Solche «Neins» sind wertvoll. Du wirst dabei aufgefordert, das Erspürte zu überprüfen, und gleichzeitig das Vertrauen in dich und deine Wahrnehmung zu stärken. Wir lernen, mit diesen «Neins» umzugehen und präziser zu sein in unseren Aussagen. Feedbacks sind besonders zu Beginn unserer Bewusstmachung der Sensitivität entscheidend. Sie lehren uns, unsere Wahrnehmung genau aufzugliedern: Beziehe ich etwas auf mich persönlich? Oder nehme ich wahr, was den anderen umgibt?

Es gibt eine einfache Technik, um solche Wahrnehmungen zu ergründen: Sprich aus, was du empfindest. Das braucht etwas Mut, vor allem zu Beginn deiner sensitiven Weiterentwicklung, aber es ist der einzige Weg, um herauszufinden, was dieses oder jenes Empfinden bedeuten könnte. Dies kann eine trockene Kehle sein, ein leichtes Frösteln, eine kurze Benommenheit – wir benötigen ein Ja (Bestätigung) oder ein Nein (Gegenspruch), damit wir diese Empfindungen einordnen können. Es ist sinnvoll, die Dinge auszusprechen, um Gewissheit zu bekommen, ob du richtig liegst oder nicht. Erst mit zunehmender Erfahrung stellt sich ein intuitives Wissen ein und du musst nicht mehr für alles eine Bestätigung von aussen bekommen. Du lernst, deiner Intuition zu vertrauen. Bei mir läuft das mittlerweile wie folgt ab: Informationen, die mich betreffen, bauen sich bei mir eher in der Bauchregion auf. Diese behalte ich meistens für mich. Damit kann ich mein weiteres Vorgehen überdenken. Wahrnehmungen über andere manifestieren sich bei mir im Kopf, was als hellwissend bezeichnet wird. Hier kommt es auf die Situation an, ob ich die Information weitergebe oder eher nicht.

Damit du deine Empfindungen aussprechen und damit deine Sinne trainieren kannst, gibt es ein simples Training, ohne dass du jemandem sagen musst, dass du deine Fähigkeit verfeinerst. Vielleicht spürst du, dass dein Kollege ein völlig chaotisches Wochenende erlebt hat. Nutze die Gelegenheit, einfach mal nachzufragen, wie es verlaufen ist. So findest du heraus, ob deine Empfindungen richtig waren. Lass es dir erzählen. Das wird niemand verweigern und du bekommst dein Feedback.

Solche Situationen kannst du überall im Alltag finden. Sei aber ehrlich zu dir selbst, denn natürlich liegst du auch einmal daneben. Auf diese Weise wirst du für dich verstehen, wo du nicht in der Energie des anderen warst, sondern einen Mix von dir und dem anderen erspürt hast. Versuche beim Erfühlen herauszufinden, wo deine Muster ins Spiel kommen. Vielleicht bist du ab und an eifersüchtig und fühlst dich in eine Person ein, die erzählt, dass der Partner am Wochenende tanzen war. Da ist es wichtig, diesem Menschen nicht automatisch zu unterstellen, er sei es ebenfalls.

Kommt ein Gefühl allerdings immer wieder hoch, selbst wenn es vom Gegenüber verneint wird, darfst du darauf vertrauen.

Mit der folgenden Übung kannst du dich öfter abgrenzen von dem, was du wahrnimmst, denn es tut gut, sich ab und an vom

Alltag und all den Emotionen zurückzuziehen. Tagsüber prasseln Eindrücke und Empfindungen ununterbrochen auf uns ein. Die STOPP-Technik befreit uns für einen Moment daraus. Probiere es aus und entdecke, wie wohltuend das ist. Du wirst danach vitaler und fokussierter wieder ans Werk gehen.

ÜBUNG

STOPP-Technik – Zeit für mentale Wellness

Sage laut und deutlich «STOPP!», sobald du spürst, dass Informationen und Gedanken in dir überhandnehmen.

STOPP!

Am Anfang fühlt es sich an wie die Ahnung einer Ruhe oder eines stillen, dunklen Lochs. Mit zunehmender Übung wird der Zustand des Nicht-Fühlens, Nicht-Handelns, Nicht-Müssens und des Nicht-reagieren-Müssens immer ausgeprägter wahrnehmbar.

Je häufiger du «STOPP!» praktizierst, umso mehr dehnt sich die Lücke des inneren Friedens aus.

Dieser Moment der absoluten Gedankenstille fördert deine Konzentrationsfähigkeit. Du wirst zielorientierter, weil du deine Konzentration auf dein Inneres und damit auf dich lenkst und die Bedeutung all der Dinge in der Aussenwelt schmälerst.

Nimm deine Fülle wahr. «STOPP!» bringt dich vorwärts.

Ein häufiges Praktizieren dieser Übung hilft dir, den Daueralarm im Gehirn immer mehr abzustellen. Lege bewusst Pausen ein, um deine Energie zu spüren. Das bringt dich wieder ins «Sein».

Du bist sensitiv

Traue deinen Sinnen

Sensitivität heisst:

- Du fühlst, dass dein Gegenüber nicht in Form, wütend, traurig oder verärgert ist.
- Du spürst, dass dein Gegenüber schier platzt vor lauter Energie.
- Du weisst, du solltest dich unmittelbar bei einer Freundin melden, von der du schon lange nichts mehr gehört hast.
- Du folgst dem Impuls, just heute die Stellenausschreibungen zu lesen.

Wenn ich will, erlaube ich mir, tiefer in diese Empfindungen hineinzugehen. Weshalb ist mein Gegenüber heute verärgert? Ging unserem Treffen eine alltägliche Auseinandersetzung mit der Partnerin oder dem Partner voraus? Etwa wegen der berühmten schmutzigen Socken, die den Weg in den Wäschekorb partout nicht finden, oder wegen der leeren Kaffeetasse, die auf dem Tisch stehen geblieben ist? Durch das Erfühlen entsteht ein Bild vor meinem inneren Auge (hellsehend). Ich sehe die beiden – um bei der Kaffeetasse zu bleiben – am Frühstückstisch sitzen. Der eine Partner steht ohne Tasse auf und geht. Dieses Bild ist ein gewohntes für den anderen Partner und gerade deshalb ärgert sich dieser darüber. Wer von uns räumt schon gerne dem anderen hinterher – vor allem, wenn dies ständig vorkommt und bereits in gemeinsamen Gesprächen thematisiert worden ist? Natürlich habe ich durch meine Arbeit diese Sinne geschult und weiterentwickelt, aber ich bin mir sicher, dass auch du solche Bilder oder Empfindungen hast. Traue deinen Sinnen. Falls du eine Auszeit von deinen Wahrnehmungen brauchst, und du dich ganz auf dich konzentrieren möchtest, hilft folgende Übung, deinen Tag zu gestalten.

ÜBUNG

So gelingt mein Tag

Nimm dir morgens drei Minuten Zeit für dich.

Setze dich an einen Ort, an dem du dich wohlfühlst.

Überlege dir, was du dir heute Gutes tun oder was deinen Tag wundervoll machen würde – auch wenn du arbeiten musst.

Ein Beispiel: In der Mittagspause setze ich mich heute an den See und geniesse die Sonne.

Dein System wird möglicherweise Einwände dagegen finden, etwa, dass über Mittag noch Einkäufe, Post- und Bankangelegenheiten erledigt werden müssen und du die Zeit lieber dafür nutzen solltest.

Notiere dir, was du dir Gutes tun willst, und versprich dir, dies auch wirklich auszuführen – und sei es nur die halbe Stunde am See.

Reflektiere abends, wie gut dir diese halbe Stunde getan hat und wie wenig du dabei verpasst hast. Hast du es gemerkt? Wir lassen uns oft von inneren Treibern versklaven, indem wir von einem To-do zum nächsten hetzen.

Schlage ihnen ein Schnippchen, indem du zwischendurch deine Seele baumeln lässt und den Augenblick geniesst. Derart im gegenwärtigen Moment zu sein, stärkt dich für all die Aufgaben, die auf dich warten.

Deine Bilder wahrnehmen

Deine Wahrnehmung ist eine Energie, die sich bewegt. Um beim vorher beschriebenen Beispiel, der Konfliktsituation mit der Kaffeetasse, zu bleiben: Bei sensitiven Menschen entsteht zuerst ein Gefühl für die Situation. Das passiert jedoch so schnell, dass du es beim Entstehen nicht bewusst wahrnimmst. Wenn du dich darauf einlässt, kommt oft zuerst ein Bild der beiden Partner, dann läuft es weiter wie ein innerer Film ab. Ein Bild fliesst selbstverständlich ins andere über. Standbilder können uns in die Irre führen. Versuche nicht, diese festzuhalten oder sie genau zu beschreiben, sondern erlaube dir, den Film im Fluss zu lassen. Das gelingt dir am besten, wenn du zum Beobachter wirst und deine Eindrücke nicht zensierst. Je häufiger du das machst, umso besser wird es funktionieren. Hier eine Übung dazu:

ÜBUNG

Hellfilmen

Setze dich bequem auf einen Stuhl und atme tief ein und aus.

Gehe gedanklich auf deinen Weg zur Arbeit.

Lass die Stimmung entstehen, in welcher du heute losgegangen bist. Warst du gestresst, weil du zu spät dran warst? Total entspannt, weil du gut geschlafen hast? Was fällt dir sonst noch ein?

Lass erst dann das erste Bild entstehen.
Wo befindest du dich?

Erlaube dir, dass die Bilder weiterlaufen ohne dein Zutun. Dabei wirst du feststellen, dass auch Gerüche, Geräusche oder körperliche Empfindungen entstehen.

Lass die Wahrnehmung laufen, ohne bei einem speziellen Eindruck oder Bild stehen zu bleiben.

Vielleicht möchtest du anschliessend deine Empfindungen aufschreiben?

Führe diese Übung ein paar Tage hintereinander durch. Du wirst sehen, dass es immer einfacher wird.

Als Variante kannst du diesen Gedankenfilm auch mit einer Freundin üben, indem du ihren Arbeitsweg beschreibst.

Lass dir danach ein Feedback geben, wie genau deine Beschreibung war.

Genau so kann ein sensitiver Mensch auch Erinnerungen von seinem Gegenüber wahrnehmen. Das können Verknüpfungen mit schönen Situationen sein, die in der Vergangenheit liegen – etwa an die Zeit, in der unsere Kaffeetrinker beide in Harmonie am Tisch gesessen haben und jeder die Kaffeetasse selbst in den Geschirrspüler geräumt hat. Bleibe ich mit dem Gefühl in dieser Erinnerung, können ganz natürlich Gerüche, Bilder oder Düfte entstehen.

Du darfst dich auch mal täuschen

Das Gefühl ist unser verlässlichster Sinn und zugleich der unzuverlässigste von allen. Die Grenze zwischen empfinden und täuschen ist sehr schmal. Es wird schwierig für uns, diese zu erkennen, wenn wir das Erfühlte für uns behalten. Wie ich schon erwähnt habe, ist es deshalb wichtig, dass wir mit anderen Menschen üben können. Das heisst, wir brauchen eine Antwort, ob wir richtig gespürt haben. Wir können sie ausloten, indem wir ständig nachfragen: Ist es richtig, dass …?

Ein Ja oder ein Nein deines Gegenübers hilft dir, deine Wahrnehmung richtig einzuordnen. Natürlich wird nicht jedes Gegenüber all deine Aussagen annehmen können oder wahrheitsgemäss beantworten. Fange deshalb nicht mit den grossen

Themen an. Lass dich erst einmal auf alltägliche Situationen ein. Zuerst solltest du dir vertrauen, dass deine Wahrnehmungen stimmig sind und du sie verständlich ausdrücken kannst. Sei liebevoll und präzise in deinen Aussagen. Wenn etwas verneint wird, versuche deine Wahrnehmung mit anderen Worten zu beschreiben. Geh zurück in das Gefühl und erlaube dir, es quasi «wiederzukäuen». Versetze dich energetisch in die letzte wahrgenommene Emotion hinein.

Sprich einfach aus, was du spürst. Wenn wir Dinge aussprechen, setzen wir Energie frei. Wir kommen nicht in die Gefahr, dass sich unser Gehirn zu sehr einmischt. Deshalb solltest du nicht hinterfragen, wenn es dir schleierhaft ist, woher dieser Eindruck kommt. In dem Moment, in dem wir zu sprechen beginnen, ist das Gehirn damit beschäftigt, Worte zu bilden.

«Ich spüre, dass du dich unwohl fühlst, weil dich etwas beschäftigt.»

«Nein.»

«Okay. Es beschäftigt dich kein Problem, aber du fühlst dich trotzdem unwohl?»

«Ja.»

«Aha, dir liegt das Abendessen von gestern noch zu schwer im Magen. Viel zu viel Käsefondue ...»

Sei nicht enttäuscht, wenn du einige «Neins» bekommst. Wir müssen zuerst lernen, wie wir das Erfühlte in Worte fassen können. Dabei darfst und sollst du auch Dinge aussprechen, die für dich unverständlich oder belanglos erscheinen. Behalte diese auf keinen Fall für dich. Eindrücke zu formulieren hält die Energie in Fluss. Je mehr du das tust, desto besser fliesst die Energie. Darüber nachzudenken, ob das Empfundene richtig oder falsch ist, bringt die Energie, also deine Wahrnehmung, ins Stocken. Das macht es viel schwieriger mit der Energie deines Gegenübers in Verbindung zu bleiben. Für dich als sensitiver Mensch ist gut zu wissen: *Reden baut Energie auf.*

Ein anderes Beispiel: Meine Arbeitskollegin erscheint rundum glücklich im Büro. Wenn ich in dieses Gefühl hineingehe, sehe ich sie vielleicht an einer Bäckerei vorbeigehen. Ich nehme den Duft des frisch gebackenen Brotes wahr. Spüre ich dort weiter hinein, sehe ich, wie sie als Kind mit ihrer Mutter an dieser Bäckerei vorbeigeschlendert ist oder aber bei jedem Broteinkauf obendrein ein feines Brötchen geschenkt bekommen hat. Über den Duft des frischen Brotes respektive die Erinnerung daran tauche ich in eine erlebte Situation der Kollegin ein, die sie als beglückend erfahren hat. Bei ihr löst Bäckereiduft stets diese positiven Eindrücke aus, die für einen Augenblick die Glücksgefühle des Erlebnisses mit der Mutter wieder aufleben lässt.

Damit du lernst, deiner Wahrnehmung vertrauen zu können, kannst du gerne nachfragen. Ich habe damals einfach eine «Ich-Botschaft» formuliert: «Heute bin ich an der Bäckerei vorbeigekommen und hatte diesen herrlichen Duft in der Nase. Es hat eine wunderbare Kindheitserinnerung ausgelöst.» Deine Berufskollegin wird bestimmt ihre Geschichte und ihre Erlebnisse aus der Kindheit mit dir teilen. So gelangst du an dein Feedback und erfährst, ob du mit deiner Wahrnehmung richtig gelegen hast.

Viel leichter ist es, wenn du ganz offen über deine Sensitivität reden kannst. Es gibt immer mehr Menschen, die bereitwillig über diese Themen sprechen. Sei mutig und stehe zu deiner Begabung.

Bleiben wir noch einen Moment bei unserem Gehirn. Es spielt dabei eine wichtige Rolle – manchmal sogar eine zu grosse. Schauen wir uns das Dilemma unseres «Köpfchens» an: Es gibt uns vor, Bilder seien notwendig. Wenn wir uns aber mit Bildeindrücken beschäftigen, kann es durchaus sein, dass unser Denkapparat uns solche produziert. Diese Bilder entstehen nicht über das Wahrgenommene, sondern weil mein guter Freund Gehirn mir diese zur Verfügung stellt. Zugleich halten uns diese bildhaften Eindrücke vom Fühlen ab. Erinnerst du dich, was ich an früherer Stelle beschrieben habe? Genau! Zunächst ist das Hellfühlen da und erst danach folgt die Hellsichtigkeit.

Wir haben es verlernt zu fühlen, denn wir denken lieber. Vermeintlich sind wir dabei sicherer. Wer von uns erlaubt es sich im Alltag noch, bei einer Begegnung mit einem Menschen ein Gefühl aufkommen zu lassen? Es geht um diesen kleinen, bewussten Moment der Wahrnehmung, bevor du mit deinem Gegenüber in Augenkontakt trittst. Menschen, die nichts sehen, sind auf ihre Empfindungen angewiesen. Sie haben oft ein feines Gespür für ihre Umgebung. Sogar wenn uns etwas alarmiert, stört oder auch berührt – wir «Sehenden» verlassen uns nur ungern darauf, weil uns dies zu vage scheint. «Du siehst es ja nicht», argwöhnt der Verstand in solchen Situationen und wir glauben ihm das, ohne es zu hinterfragen.

Wir funktionieren über Augen und Ohren, reagieren auf den Duft eines Menschen, ob wir ihn, im wahrsten Sinn des Wortes, gut riechen können. Das gibt uns die Evolution vor. Doch als sensitiver Mensch ist das Gefühl der Kern aller Dinge. Das kann knifflig sein: Du nimmst etwas wahr und möchtest *verstehen*, was du fühlst. Dies zeigt, wie wir uns durch unseren Verstand begrenzen, wenn wir uns nicht für unser Fühlen öffnen.

Gerade unsere Sinne, die wir täglich gebrauchen wie riechen, sehen und hören, haben grossen Einfluss auf unser Denken: Wer oft in schmutzigen Zügen unterwegs ist, entwickelt ein Unbehagen gegen dieses Transportmittel. Wer mit strengen Lehrern gross geworden ist und dieses Bild der bestrafenden Lehrperson noch vor Augen hat, behält eine zwiespältige Erinnerung an die Schule. Natürlich erhalten wir auf diese Weise Zugang zum damals Erlebten. Wir haben ein Bild, einen Geruch und dann spüren wir die Emotion dazu. Aber wie du sicher merkst, geht sensitive Wahrnehmung genau den umgekehrten Weg. Beim sensitiven Spüren ist zuerst das innere Gefühl da und erst dann kommen die anderen Hellsinne dazu.

Ich weiss, das klingt anfangs kompliziert. Bleib dran und versuche es. Du hast bestimmt schon Erfahrungen gemacht, die dir den Unterschied zeigen.

Wir sind sensitiv

Wir haben alle einen Sensor

Jeder Mensch ist sensitiv, aber nicht alle nutzen bewusst ihre Sensitivität. Manche Männer und Frauen sind sehr offen für die Gefühle der anderen und lassen sich davon mitreissen. Ein Sensitiver, der sich mit seiner Gabe beschäftigt, fühlt sich bewusst ein. Vielleicht empfängst du im Alltag unbewusst Gefühle und reagierst entsprechend darauf.

Ein einfaches Beispiel: In deiner Gegenwart tuscheln zwei Kollegen. Du horchst instinktiv hin, schnappst ein paar Gesprächsfetzen auf und schon überschlagen sich die Fragen in deinem Kopf: «Okay. Es ist mir nicht klar, worüber gerade gesprochen wird. Aber bestimmt habe ich etwas falsch gemacht? Ja, genau! Gestern habe ich vergessen, den obligaten Pausensnack mitzubringen. Und ausserdem habe ich mich nicht dafür entschuldigt. Ich bin doch verantwortlich dafür, dass es allen gut geht. Selbst wenn in meiner Stellenbeschreibung nichts davon geschrieben steht. Wie soll ich bloss mein schlechtes Gewissen bis morgen aushalten? Morgen werde ich mich erklären und eine doppelte Ration Pausensnacks mitbringen.»

Natürlich übertreibe ich an dieser Stelle. Aber vielleicht erkennst du dich doch stellenweise darin?

Es gibt Momente, in denen du auch körperlich deine Hellfühligkeit spürst. «Dicke Luft» in einem Raum (Sitzungszimmer, Familientisch etc.) wird dabei oft tatsächlich körperlich wahrgenommen. Es fällt dir schwer zu atmen und dein Herz rast. Du versuchst auszugleichen, was aus dem Lot geraten ist. Das kann Müdigkeit oder sogar Aggression hervorrufen.

Die Ausprägungen sind sehr individuell und können körperlich oder energetisch wahrgenommen werden. Frage dich dabei unbedingt: Gehört es zu dir oder zu deinem Umfeld? Wenn es einen wunden Punkt in dir trifft, wäre es vielleicht Zeit, dich darum zu kümmern. Ergründe diesen eingehender, um zu verstehen, warum du reagierst. Gehört die Energie zu deinem Umfeld, darfst du sie ruhen lassen. Du musst diese Dysbalance nicht ausgleichen oder sogar bekämpfen. Du darfst sie akzeptieren und vertrauen, dass sie sich wieder auflösen wird. Es ist nicht deine Aufgabe, diese ungebeten zu neutralisieren. Genauso wenig sollte sie Einfluss auf dein energetisches oder körperliches Befinden haben. Taste dich zu dem Punkt vor, an dem du entscheiden kannst, wie du reagieren willst. Was wirst du als Nächstes tun, anstatt von deinem Unterbewussten in die Zange genommen zu werden? Du darfst ganz bei dir bleiben.

Werfen wir an dieser Stelle einen Blick auf die Generationen, die nach uns kommen. Viele unserer Kinder haben bereits einen guten Zugang zu ihrer sensitiven Seite. Mit ihnen erübrigt sich eine Diskussion, ob sie auf das Bauchgefühl hören sollen. Für sie ist es völlig normal, dass es Energien gibt, die auf uns einwirken und die wir ausstrahlen. Alles ist Energie. Was wir uns noch erarbeiten mussten, scheint bei der jungen Generation völlig unbestritten. Häufig leben sie nach dem Lustprinzip und lassen Dinge, die ihnen nichts bedeuten, einfach weg. Aus «alter Sicht» wird dies oft mit «die Jugend weiss nicht mehr, was Arbeiten heisst» abgetan. In Wirklichkeit ist es eine automatische Rückkopplung zu ihrem Gespür für sich und das Universum. Natürlich kommt das nicht immer gut an. Und selbstverständlich gibt es auch die Profiteure. Dennoch stehen junge Menschen immer mehr für eine gesunde und friedliche Welt ein. Das ist ein gutes Zeichen. Väter schauen zu ihren Kindern und nehmen dafür Lohneinbussen in Kauf. Ganz viele gehen auf die Strasse, weil sie Angst um ihre Zukunft haben und nach Lösungen suchen.

Kleinkinder sind noch stärker mit ihrem Innersten verbunden. Sie haben einen natürlichen Zugang zu ihrem Hellwissen. Sie wissen sehr genau, was sie brauchen. Auf Energie, die sie stört, reagieren sie empfindlich. Gleichzeitig können sie echte

Ratgeber sein, weil sie das, was sie intuitiv spüren, nicht infrage stellen. Meine Enkelin hat am tiefsten Punkt meiner Lebenskrise zu mir gesagt: «Nana, du musst nicht traurig sein. Ich weiss, du findest ganz bald einen neuen, blauen Mann.» Als ich fragte, warum sie dieses Wissen habe, sagte sie: «Ich weiss es halt.» Wohlverstanden, die Kleine war damals knapp drei Jahre alt. Was sie mit dem blauen Mann ausdrücken wollte, kann ich nur erahnen, denn ich habe nicht nachgefragt.

Und ja, sie hat recht behalten, denn der neue Mann war ein paar Wochen nach unserer Unterhaltung da.

Lass dich auf die Sensitivität ein

Früher erlag ich oft dem Eindruck, die ganze Welt stelle sich gegen mich. Vielleicht kennst du dieses Gefühl auch? Inzwischen schätze ich die sensitive Arbeit, welche mittlerweile mein Beruf ist, denn sie gibt mir die Möglichkeit zu differenzieren, was meine Gefühle sind und welche Emotionen zu den anderen gehören. Ich erlaube mir, mich ganz klar abzugrenzen. Meine Sensitivität ist eine unglaubliche Bereicherung. Sie bringt mir Leute näher, die weit ausserhalb meines persönlichen Umfeldes liegen. Zugleich hat sie mich gelehrt, erste, rasche Urteile zu hinterfragen und zu überdenken, die wir teils allein aufgrund unserer visuellen Wahrnehmung fällen.

Das Erkennen auf der Energieebene öffnet unser Spektrum und fördert die Toleranz gegenüber Menschen, die «anders» funktionieren. Trotzdem scheuen sich immer noch viele Menschen, sich zu ihrem Innersten zu bekennen und ihren Kern zu zeigen. Wir suchen Nähe, lassen sie aber nicht zu; lieben unsere Partner und verletzen sie dennoch; tun so, als ginge es uns gut, obwohl wir traurig oder einsam sind; lächeln, obwohl wir wütend oder verärgert sind. Wir versuchen uns möglichst ausgeglichen zu verhalten, um eine tiefe Unruhe zu verdecken. Ausgeglichenheit, meinen wir, sei eine Voraussetzung, die uns liebenswert macht. Wir scheuen uns davor, authentisch zu sein, und es braucht manchmal lange, bis man sich nicht mehr verstellt und Vertrauen fasst, sich den anderen zu öffnen. Meine Maske verlieh mir zu Unrecht eine scheinbare Sicherheit: Ja, Nähe zuzulassen, kann mich verletzbar machen.

Sensitive Wahrnehmung geht weit über Äusserlichkeiten hinaus. Das Potenzial eines Menschen liegt unter seiner Maske und Sensitivität führt uns an wertvolle Informationen heran. Wir können einander tiefer, verbindlicher und offener begegnen.

Selbstverständlich praktiziere ich das nicht unentwegt im Alltag. Ich habe durch meine Erfahrung gelernt, wann ich mit meiner Energie in das Energiefeld des Gegenübers gehe und wann ich bei mir bleibe. Wenn ich über die Seebrücke in Luzern spaziere, nehme ich nicht wahllos jede Person in ihrer Erscheinungstiefe wahr. Selbst bei privaten Einladungen bin ich einfach Nicole, mal stiller, manchmal aktiver, aber bestimmt nicht immer «auf Sendung». Stimme ich mich aber bewusst darauf ein, öffnet mir die sensitive Wahrnehmung Zugang zu Themen, die eine zugewandte, aufrichtige und tiefe Begegnung möglich machen. Gewiss spürst du instinktiv, mit wem du welche Themenbereiche behandeln kannst und mit wem nicht. Oder welche dich mit deinem Gegenüber verbinden. Das kann dich auch vor Enttäuschungen schützen. Ich muss mich nicht überall einbringen, wenn ich spüre, dass es gerade nicht passend ist.

Manchmal ist es ratsam und hilfreich, dich von all diesen Eindrücken zu lösen, damit du einen völlig «normalen» Alltag leben kannst. Du erfüllst einfach deine täglichen Aufgaben. Bleibst du ständig bei deinen Wahrnehmungen, kann das eine Überforderung für dein Innerstes sein.

Solange wir Sensitivität verneinen, empfinden wir sie als belastend. Wir stellen uns und unsere Wahrnehmung ständig infrage. Dabei setzen wir uns nicht durch und fühlen uns für so vieles verantwortlich, das nicht zu uns gehört.

Mütter neigen dazu, sich für das Glück ihrer Kinder verantwortlich zu fühlen. Sie schaffen zum Beispiel Frieden auf dem Pausenplatz, sollte der Sprössling oft niedergeschlagen von Streitereien nach Hause kommen. Oder sie stellen die Spielkameraden (oder gar deren Eltern) zur Rede. Dabei wäre es für unseren Nachwuchs wichtig, dass er solche Situationen selbst klärt und sich dadurch entwickelt. Er muss lernen, mit dieser Erfahrung umzugehen. Die Eltern können ihm lediglich aufzeigen, dass es Streit, Missgunst und Neid gibt und wie man dem begegnen könnte. Indem sie die Kleinen motivieren, dies selbst umzusetzen, stärken sie das Selbstvertrauen der Kinder.

Der erste Freund einer meiner Töchter war sehr höflich und adrett. Er brachte sich auch überaus kommunikativ in unsere Familie ein und dennoch beschlichen mich Zweifel, ob er sich meiner Tochter gegenüber wirklich so loyal verhielt, wie er sich gab. Nach der Trennung stellte sich heraus, dass er immens hohe Erwartungen an meine Jüngste gehabt hatte. Natürlich wurde sie durch diese Erfahrung gestärkt. Ich würde behaupten, sie hat gelernt, für sich einzustehen und nicht mehr die Erwartungen von anderen zu erfüllen.

Sensitive Menschen können sich irgendwann bewusst aus einer Situation heraushalten, im Vertrauen, dass das Kind oder das Gegenüber es allein schaffen wird. Wir haben alle eine Grundveranlagung, innerhalb der Veränderungen möglich sind.

Wozu setzen wir Sensitivität ein – für einen Sechser im Lotto?

Erahnen wir durch unsere sensitive Wahrnehmung die richtigen sechs Zahlen im Lotto? Oder träumen wir am Ende gar nicht mehr vom Lottogewinn, weil uns andere Dinge wichtiger werden?

Indem du dich deiner inneren Wahrnehmung öffnest, verschiebt sich auch deine Haltung gegenüber Menschen und Dingen des Alltags. Du nimmst dich als Person weniger wichtig und du spürst, dass deine Anliegen als Individuum mit dem Kollektiv verbunden sind. Ausserdem wirst du Lebenssituationen mit mehr Gelassenheit annehmen können. Selbst Besitz verliert an Bedeutung. Das mag auf den ersten Blick eher bedrohlich tönen, ist es aber nicht. Mein Haus, mein Auto, meine Bordeaux-Weine – das sind alles Symbole, nach denen wir vordergründig streben. Sie sind schön, zweifelsohne, aber sie stehen auch für eine Scheinpersönlichkeit. Wenn du deine Sensitivität lebst, definierst du dich nicht mehr über das Haben, sondern über das Gefühl. Gehaltvolle Güter, selbst Luxusgüter, finden nach wie vor Platz in deinem Leben – sofern sie dir wirklich wichtig und nützlich sind. Doch du entscheidest dich freiwillig für eine Beschränkung. Eine schöne Tasche genügt, es muss nicht gleich eine Kollektion sein. Ein Auto reicht völlig aus, wenn überhaupt. Vielleicht tut es in Zukunft ein Fahrrad. Deine Einstellung zu materiellen Werten wird sich verändern: Wurdest du noch vor nicht allzu langer Zeit von Reichtum und schönen Dingen geblendet, erkennst du nun die wahre, aufrichtige Freude daran. Auf einem Fest müssen wir nicht als Partyqueen im Mittelpunkt stehen. Schon eine aufrichtige Begegnung mit zwei, drei Mitfeiernden und ein freundliches Gespräch stimmen dich glücklich. Es kann sein, dass Small Talk anstrengend wird, sodass du dich bewusster entscheidest, ob du dich wirklich auf ein belangloses Plaudern einlassen möchtest. Die Jugend macht uns das bereits vor: Viele der Jungen konsumieren nicht mehr im gleichen Ausmass wie wir. Einige arbeiten wohlüberlegt weniger und haben somit Zeit für Dinge, die ihnen am Herzen liegen. Zum Beispiel ihre Kinder, ihr Engagement in der Politik oder sie setzen sich für die Umwelt ein.

Schauen wir uns das kurz näher an: Sensitivität bedeutet nicht, dass du von nun an nur noch ernste Themen mit Leuten in deiner nächsten Umgebung bereden wirst. Aber die Begegnungen werden «echter», weil du echte Gefühle mit dem anderen teilst. Das kann ein Lachen über einen Wortwitz sein oder vielleicht genügt allein ein Blick, um einen Moment des Glücks zu erleben. Viele «Wie gehts?» sind eingeübt, pure Gewohnheit, aber nicht ernst gemeint. Antworte einmal mit einem «Es geht mir schlecht» und schau, was passiert. Nicht jeder wird darauf eingehen. Einige werden deine Antwort überhören und zum nächsten Thema übergehen. Solche Personen sind oft in banalen Themen unterwegs und gewohnt, Small Talk zu halten. Er gehört zu ihrem Leben, sei es beruflich oder weil sie sich wirklich nicht für andere Menschen interessieren oder weil sie gerade tatsächlich nicht in der Lage sind, sich auf jemanden einzulassen. Der Austausch übers Wetter ist ein Anzeichen dafür. Gut möglich, dass uns Unterhaltungen über Regen oder Sonnenschein immer weniger interessieren. Letztlich hast du die Wahl, ob du an so einem Geplänkel teilnehmen möchtest. Und natürlich kann ein Dialog über die Wetterlage ein Türöffner sein, um das Eis zwischen zwei Personen zu brechen. Aber wir sprechen hier von Sensitiven, die gerne ohne langes Rumplaudern die für sie wichtigen Themen ansprechen. Sensitive wollen erkannt werden und sie zeigen, dass sie das Gegenüber ebenfalls erkennen. Das kann auch gerne Humor, Witz oder ein Austausch über den neuen Fernseher sein. Sensitive Menschen spüren in der Begegnung, ob ihr Gegenüber eine Rolle spielt und etwas vorgibt oder ob diese Person wirklich bei sich ist. Bei Menschen, die dieses Sensorium für Gefühle der anderen haben, fühlen wir instinktiv: Aha, da passiert etwas. Sensitivität erleichtert dir den Zugang zu deinem Gegenüber.

Sensitivität im Alltag schulen

Als sensitiver Mensch richtest du deine Aufmerksamkeit in erster Linie auf das Wahrnehmen deines Gegenübers. Arbeite ich sensitiv, spüre ich zuerst ein Gefühl. Irgendetwas deutet mir an, ob diese Person freundlich ist, ob sie angespannt wirkt, vielleicht sogar verärgert. Aus dem Wahrgenommenen kann ein

Bild, ein Duft, ein körperliches Spüren oder ein Wissen entstehen. Als Sensitive und natürlich als Coach fasse ich genau diese Empfindungen in Worte.

Solche Prozesse laufen in jedem von uns bei alltäglichen Situationen ab. Im Kontakt mit anderen Leuten aber auch mit Tieren merken wir intuitiv, was unser Gegenüber braucht, was es hören möchte. Oder ob es gerade besser wäre, nichts zu sagen und still zu bleiben.

Du spürst bestimmt, wie verschiedene Stimmungen auf dich einprasseln, sobald du dich unter vielen Leuten aufhältst. Wir versuchen oft, Erspürtes mit uns in Verbindung zu bringen und auszugleichen. Genau das kann schon mal zu einem Gefühlschaos führen.

Ein Beispiel: Zwischen einem Ehepaar herrscht seit Jahren ein stiller Krieg. Nun bist du mit deinem Partner zum Essen bei diesem Paar eingeladen. Du fühlst dich bereits im Vorfeld unruhig, vielleicht frierst du an dem Abend oder bist gereizter Stimmung. Dein Liebster erlebt den Abend ohne grosse Gefühlsregungen. Für ihn ist es eben nur ein einfaches Abendessen. Damit meine ich nicht, dass Männer weniger oder kaum sensitiv sind. Dieses Beispiel zeigt nur, dass du selbst sehr geöffnet bist in deiner Wahrnehmung. Du nimmst die Unstimmigkeiten zwischen den Gastgebern wie ein Schwamm ungefragt auf. Dein Partner jedoch ist bei sich und kann oder will die Spannung nicht wahrnehmen, sodass ihm der Zwist nichts anhat.

Verschiedene Techniken haben mir geholfen, meine eigene Sensitivität besser wahrzunehmen. Diese habe ich auch bei banalen Alltagsbegebenheiten angewandt, wie folgende Beispiele illustrieren.

ÜBUNG

Sensitivität im Alltag trainieren

Zahlreiche Situationen im Alltag bieten eine gute Gelegenheit, um die sensitive Wahrnehmung zu fördern.

- *Dein Telefon klingelt. Halte kurz inne, bevor du auf das Display schaust oder den Anruf entgegennimmst. Wer könnte am Apparat sein? Was sagt dir dein erster Gedanke, dein erstes Gefühl?*
- *Du bist auf dem Weg ins Büro und denkst an deine Arbeitskolleginnen und -kollegen. Du stimmst dich bewusst auf die Personen ein, die dir dabei spontan einfallen. Vielleicht gehen deine Gedanken besonders zu einer Kollegin? Nennen wir sie Tamara. Am Arbeitsort angekommen, triffst du Tamara, die in der Tat müde aussieht. Ist sie das und liegt ein schwerwiegender Grund dahinter oder ist Tamara am Vorabend einfach zu spät ins Bett gegangen? Dies wäre ein plausibler Grund für ihre Müdigkeit.*

Hier kommen wieder die Feedbacks ins Spiel, die ich bereits früher erwähnt habe. Um zu wissen, ob deine Wahrnehmung die Situation richtig deutet, benötigst du Antworten. Diese geben dir mehr Sicherheit, ob es wirklich stimmt, was du aufgenommen hast. Bei Tamara beispielsweise eignet sich die Kaffeepause bestens, um darüber zu sprechen. Dazu genügt die unverfängliche Frage: «Hallo, Tamara, gut geschlafen?» Vielleicht erzählt sie, dass Sorgen oder Stress ihr den Schlaf geraubt haben oder dass sie bis in die Puppen gefeiert hat, was deine anfängliche Wahrnehmung erklären würde. Viele Menschen schätzen solche Aufmerksamkeit, bei der es keineswegs darum geht, die tiefen Geheimnisse von Tamara zu erforschen und diesen Sorgen nun auf den Grund zu gehen.

Der Alltag ist ein gutes Lernfeld, um Sensitivität zu trainieren. Eine Mutter spürt instinktiv, ob ihre Kinder einen aufbauenden oder zermürbenden Schultag erlebt haben. Und auch kleine Begebenheiten können Verbundenheit signalisieren. Tagsüber hast du den Gedanken, dass du gerne wieder einmal bei deinem Lieblingsitaliener eine Pizza essen möchtest. Abends kommt dein Partner nach Hause und schlägt vor, beim Italiener vorbeizugehen und dort ein gemütliches Abendessen zu geniessen – ohne, dass du ihm von deinem stillen Wunsch erzählt hast. Allein weil ihr beide miteinander verbunden seid, kann die Information fliessen.

Wir können mitfühlen, sollten aber nicht mitleiden

Nur weil du das Gegenüber wahrnimmst, musst du nicht mitleiden. Es ist nicht deine Aufgabe, die Probleme des anderen zu lösen. Sensitive Menschen übernehmen nicht die Problemstellungen des Freundes, der Kinder, der Eltern, des Arbeitskollegen oder, wie in meinem Fall, der Ratsuchenden, sondern verschaffen ihnen einen neuen Blickwinkel. Wer nach Lösungen sucht oder in einem Thema festsitzt, findet nur beschwerlich zu Einsichten und Ergebnissen. Jeder von uns kennt solche Blockaden, in denen wir uns unbehaglich fühlen. Wir wissen in solchen Phasen weder ein noch aus, sehen nur eine Richtung und in eben dieser scheint sich gerade kein Ausweg abzuzeichnen. Manchmal genügt in solchen Situationen ein Satz oder ein Hinweis eines anderen Menschen, der uns aufhorchen lässt, selbst wenn er absichtslos gefallen ist. Sei dir klar, dass du das Problem des Gegenübers nicht lösen kannst und musst. Du darfst gerne Hilfestellung geben, aber bitte, lass dem Menschen die Möglichkeit, seinen eigenen Lösungsweg zu gehen.

Meine, deine, unsere Geschichte: Es ist ganz schwierig, sich selbst gegenüber sensitiv zu sein. Will ich für mich etwas spüren, nehme ich oft den Wunsch oder das Erhoffte wahr, aber nicht das, was wirklich dahintersteckt. Die nachfolgende Übung hilft dir, besser zu erspüren, was zu dir und was zum anderen gehört.

ÜBUNG

Ich bin mal kurz bei dir – oder: Wie man sein Gegenüber wahrnimmt

Für diese Übung brauchst du eine zweite oder auch mehrere Personen.

Setze dich ruhig auf einen Stuhl, den Anwesenden gegenüber. Diese dürfen gerne auch die Augen schliessen, müssen aber nichts tun.

Schliesse deine Augen. Offene Augen können uns ablenken. Wenn du allerdings geübt bist in Visualisierungen und Meditationen, kannst du die Übung auch mit geöffneten Augen durchführen.

Atme tief und ruhig. Nimm zuerst deine eigene Energie wahr, indem du in dich hineinfühlst: Bin ich aufgeregt? Nervös? Entspannt? Ist mein Körper entspannt und ruhig?

Beginne nun, deine eigene Energie aufzubauen. Vielleicht bist du noch etwas müde oder zweifelst daran, ob es dir gelingt. Durch bewusstes, ruhiges Atmen kannst du diese Zweifel zerstreuen und besser in dich hineinfühlen.

Stelle dir dabei ein Licht in deiner Körpermitte vor.

Baue dieses Licht auf und lasse es in alle Körperteile fliessen, bis du ganz von dem Licht erfüllt bist.

Spüre jetzt noch einmal hinein, wie es sich anfühlt, voll in deiner Kraft zu sein. Entspannter? Kraftvoll? Gelassen? Vielleicht bist du auch erfüllt und glücklich über diese Kraft, die du spürst? All dies ist möglich.

Erlaube dir nun, deine Energie über deinen Körper hinaus auszudehnen und sie in Berührung mit der Person zu bringen, die dir gegenübersitzt.

Nimm wahr, wie sich diese Person fühlt. Ist sie auch …?
… skeptisch? … neugierig? … ungeduldig? … erholt? … verärgert?
… ausgeglichen? … niedergeschlagen? … glücklich? … matt?
… energiegeladen?

Spüre den Unterschied zu deiner eigenen Energie.

Dann löse dich von der Energie deines Gegenübers und kehre zu deiner eigenen zurück.

Versuche nun ganz bei dir zu sein.

So sehr einzelne Schicksale berühren können: Es ist nicht angedacht, diese nach dem sensitiven Kontakt mit sich herumzuschleppen. Im idealen Fluss verbinde ich mich mit dem Gegenüber, lasse die Energie zu mir fliessen und gebe sie anschliessend zurück. Es ist ein Kreislauf.

Werten, bewerten und urteilen gehört nicht zu einem Sensitiven, erst recht nicht zu dessen professioneller Haltung. Im Alltag bin ich jedoch nicht immer völlig wertfrei. Ich bin mal genervt, bin vielleicht intolerant, sträube mich gegen gewisse Dinge. Das ist völlig okay. Von einem Arzt erwartet ebenfalls niemand, dass er bei flüchtigen Begegnungen auf der Strasse sofort Handlungsbedarf erkennt, etwa weil ein Passant schwer atmet.

Mit der Erfahrung wächst die Toleranz gegenüber dir selbst und deinen Mitmenschen. Ich habe während meiner Ausbildungsjahre viel über meine Muster gelernt. Es kamen mithin Wesenszüge zutage, über die ich nicht glücklich war. Nicht, dass diese alle verschwunden wären, aber die daraus gewonnenen Erkenntnisse haben mich mir gegenüber toleranter gemacht und gleichzeitig kann ich tolerieren, wenn sich Menschen in gewissen Situationen genauso oder anders verhalten. Verstehen kann ich es jedoch nicht immer. Genau diese Toleranz uns selbst gegenüber ermöglicht es uns, ebenso anderen wohlgesinnt zu begegnen. Viele Menschen gehen sehr hart mit sich ins Gericht und können daher anderen gegenüber nicht verständnisvoll bleiben. Indem du deine Schattenseiten akzeptierst, ändert sich der Blick auf dein Gegenüber. Wer sich selbst kategorisch ablehnt, lehnt gleichermassen Charakterzüge der Mitmenschen ab, weil er irgendwo im Aussen genau diese Anteile sieht, die er bei sich bemängelt («Spieglein, Spieglein …»). Wir sollten lernen, ebenso das anzunehmen, was uns gegen den Strich geht. Die Charaktereigenschaften des Partners gehören nun mal zu ihm. Es steht uns nicht zu, diese zu ändern, und wir können das zudem gar nicht. Wir können einzig unsere Einstellung dazu anpassen, was natürlich nicht heisst, dass du alles hinnehmen und Missstände aushalten musst.

Ein geschultes energetisches Bewusstsein wird es uns ermöglichen, gewisse Dinge vereinfacht zu verstehen. Als Sensitiver wird dir das den Alltag etwas erleichtern.

So grenzen wir uns ab

Viele Leute sind sensibel oder empathisch. In Pflegeberufen beispielsweise ist Sensitivität von Vorteil, um ein gutes Miteinander zu gestalten. Schwierig bei dieser Begabung ist es, die erspürten Sorgen und Zwischentöne abends nicht mit sich nach Hause zu nehmen. Diese Erfahrung machen sensitive Menschen. Sie fühlen sich ausgelaugt, schlapp und geschwächt. Grenze dich bewusst ab: «Ja, ich spüre, wie du funktionierst, aber es ist deins.» Es braucht Zeit, bis man zwischen *was ist meins* und *was ist deins* unterscheiden kann.

Im Kapitel «Sensitivität im Alltag schulen» (Seite 59) haben wir schon davon gesprochen, die eigene Wahrnehmung zu überprüfen. Zu Beginn neigst du vielleicht dazu, via Rückkopplung Schlüsse zu ziehen. Dabei überprüfst du das, was du wahrnimmst, auf Grundlage deiner eigenen Erfahrung. Kenne ich das? Habe ich Ähnliches erlebt? Habe ich diese Geschichte auch schon gehört?

Bei der sensitiven Wahrnehmung hilft die Rückkopplung nicht. Es geht darum, die Unterschiede zwischen deinem Erfahrungsschatz und dem Erfühlten herauszufiltern. Knüpft die wahrgenommene Energie nicht an deine eigenen Erinnerungen an, erlaube dir, das Gefühlte tiefer zu ergründen. Oft sage ich meinen Schülern: «Setzt euch in das Gefühl hinein.» Je spürbarer dieses wird, umso mehr erkennst du den Unterschied zu deinen eigenen Erfahrungen. Denn es wird beim Eintauchen in das Gefühlte klarer, dass die Geschichte des Gegenübers deiner ähnelt, aber einen anderen Verlauf oder Ausgang nimmt. Im sensitiven Sinne würde das so lauten: «Aha, das kommt mir bekannt vor. Jetzt erforsche ich die Unterschiede zu meiner Geschichte noch genauer.»

Aus meiner Praxis heraus sind die Themen bei den meisten Menschen ähnlich. Wie diese gelebt werden oder die Personen an uns herantreten, ist unterschiedlich. Das bedeutet: Du kennst das Thema deines Mitmenschen und du kannst ihn dahingehend begleiten. Aber er wählt den eigenen Weg, damit umzugehen.

Unser Potenzial

Das aktuell vorhandene, sensitive Potenzial der Kinder und jungen Menschen ist enorm. Durch den stetigen Wandel in unserer Gesellschaft wird vielerorts über sensitive Erfahrungen und energetisches Wahrnehmen gesprochen. Mir scheint, als ob für unsere Jugend überhaupt kein Zweifel besteht, dass es einen energetischen Zusammenhang zwischen allen Menschen und der Energie um uns herum gibt. Sie diskutieren nicht, ob es mehr Dinge gibt als die, die wir sehen oder berühren können. Sie überlegen eher, wie dies zum Vorteil aller genutzt werden kann.

Natürlich sind viele Menschen in der Schweiz und in Europa privilegiert. Wir dürfen wählen, ob wir lokal produzierte Bio-

Kekse oder ein Bio-Huhn kaufen oder ob wir importierte Billigware bevorzugen. Gerade deshalb tragen wir Verantwortung jenen gegenüber, denen es schlechter geht. Diese Verantwortung hier und jetzt wahrzunehmen, ist ein erster Schritt. Wir profitieren von Vergünstigungen. Aber sind wir uns ausreichend bewusst, dass immer irgendjemand dafür «bezahlt»? Noch betrifft uns das nicht, doch wenn wir gedankenlos so weitermachen wie bisher, werden auch wir eines Tages zur Kasse gebeten.

Wer seine Sensitivität zulässt, eröffnet sich dadurch die Möglichkeit, auch ungewohnte Wege zu gehen. So haben wir die Kraft, uns gegen den Mainstream zu bewegen. Sensitive fühlen sehr wohl, was das Umfeld, das heisst die Menschen um sie herum, von ihnen erwartet. Zugleich spüren sie, was sie und letztendlich unser Planet brauchen. Das muss allerdings nicht zu extremem Aktivismus führen. Mich trennen Welten davon, eine Öko-Aktivistin zu sein. Zugleich wird es mir immer dringlicher bewusst, dass wir ein Teil vom Ganzen sind und dass wir es in der Hand haben, etwas zu verändern.

Sensitivität deckt nicht alles auf

In meiner beruflichen Praxis werde ich oft gefragt: «Weisst du alles über mich?» – Nein, ich habe keine Kenntnis von allen Details meines Gegenübers. Du wirst auch als sensitiver Mensch nicht die tiefsten, verborgenen Geheimnisse des anderen entdecken. Die Seele, das Unterbewusstsein und die Muster des Klienten geben nur so viel frei, wie aktuell für ihn verkraftbar sind.

Dabei spürt ein Sensitiver die Beweggründe auf zwei Arten: Bei manchen Menschen weisst du sofort, welches Problem anzuschauen ist. Bei anderen nimmst du wahr, dass ein weiteres Thema darunterliegt. Du kannst es eventuell zu jenem Zeitpunkt aber noch nicht benennen.

Es gibt Menschen, die kurz nach der Pensionierung in eine Sinnkrise stürzen. So ging es auch einem Klienten von mir. In den ersten Gesprächen suchten wir nach Interessen, die ihn in seinem jetzigen Alltag neu erfüllen könnten, obwohl er diesen bereits aktiv gestaltete. Er las gerne, hütete seine Enkel oder ging wandern. Das alles half ihm nicht, glücklich und zufrieden zu sein. Mit der Zeit gab sein Unterbewusstsein die eigentliche Thematik frei: Tief im Innern beschäftigte ihn eine grosse Furcht vor Vergänglichkeit. Sie machte ihm Angst, weshalb er die kleinen Freuden seines Lebens weniger geniessen konnte.

Eine weitere Frage ist: «Weisst du als sensitiver Mensch alles über dich selbst?» Ich habe mich aus beruflichen Gründen sehr viel mit mir beschäftigt. Einiges, was in mir noch verborgen liegt, kann ich nur erahnen. Um dieser Ahnung auf den Grund zu gehen, benötige ich einen sensitiven Menschen, der mit mir das Thema bespricht und seine Wahrnehmung ungefiltert darlegt. Trotzdem ist es nicht möglich, alles über mich – bis hin zu meiner Essenz – in einem Schritt in Erfahrung zu bringen. Ich habe eine Idee von meinem Innersten, dem Kern. Was genau ich mit «Kern» meine, erfährst du in einem späteren Kapitel. An dieser Stelle ist es wichtig zu wissen: Es bleibt ein lebenslanger Prozess, um in diese Tiefen vorzudringen.

Häufig weist dir dein Bauchgefühl den Weg. Sowohl hinsichtlich deiner Themen als auch bezüglich deines Umfelds. Intuitiv wissen wir, was in uns abläuft. Wir spüren, was mit dem Gegenüber los ist. Im positiven wie im negativen Sinn. Meistens sind wir mit unseren vermeintlichen Problemen beschäftigt und versuchen, diese zu lösen oder zumindest die Ursache davon zu verstehen. Was bedeutet, dass wir unseren Fokus viel mehr auf negative Emotionen legen anstatt auf die glücklichen Momente im Leben.

Doch sobald der Kopf ins Spiel kommt, beginnt die Analyse. Gefühle werden auseinandergenommen und oft gedanklich schlechtgeredet. Unser Verstand will das Empfundene in eine bestimmte Richtung lenken. Im Kopf verstricken wir uns in Bewertungen und teilen die Welt oder das Erlebte in gut oder schlecht ein. «Mein Partner betrügt mich», «Ich bin nicht gut genug, eine grossartige Liebe zu finden», «Mein Chef ist ein Dummkopf, weil er unsere Abläufe geändert hat», du bekommst ein Kompliment und schon denkst du, «der meint das eh nicht ernst» – solche Gedanken werden von verschiedenen Gefühlen ausgelöst: Überforderung, Existenzangst, Versagensangst, Einsamkeit, Eifersucht. Hast du die tieferliegende Emotion erst einmal erkannt, kannst du sie aufbrechen und dich verändern. Unser Denken manifestiert sich im Leben. Wer sich immer als Opfer der Umstände sieht, wird es sehr oft wirklich genauso erleben. Wer sich nicht zutraut, einen Computer zu bedienen, wird es um jeden Preis vermeiden, diesen zu Hilfe zu nehmen. Auf diese Weise limitieren wir uns selbst. Das Wichtigste dabei ist, dass du bei deiner dazugehörenden Emotion bleibst, um sie zu ergründen. Dies hilft dir, deine Gedanken und dein Tun zu verstehen, zu akzeptieren und gegebenenfalls zu ändern.

Aus meiner Erfahrung liegt der erste Schritt, eine neue Energie zu manifestieren, darin, das Wissen über das tiefliegende Gefühl zu akzeptieren. Dieses Verständnis hilft dir, den energetischen Ausgleich zu schaffen und alles besser zu verstehen. Früher fiel es mir sehr schwer, jemanden um Hilfe zu bitten. Selbst banale Bitten wie «Könntest du mir bitte ein Brot mitbringen, wenn du einkaufen gehst?» brachte ich kaum über die Lippen. Als ich in dieses Thema hineinspürte, merkte ich, dass darunter die Angst lag, es könnte jemand Nein sagen. Ich hätte zurückgewiesen werden können. Wir können frei entscheiden, ob wir die Veränderung tatsächlich wollen oder nicht.

Haben wir den Zugang zur Sensitivität verlernt?

Unsere Hellsinne sind tief vergraben. Aus allen Richtungen werden Erwartungen an uns gestellt und wir sind bereit, sie zu erfüllen. Häufig sind wir sogar selbst Antreiber und setzen uns hohe Ziele. In unserer Familie, in der Schule, im Beruf, im Freundeskreis und in allen anderen sozialen Bereichen nehmen wir Rollen ein. Wir glauben, das zu sein, was von uns erwartet wird. Das gibt uns Sicherheit und Struktur. Nach der zweiten Trennung gab mir mein persönliches Umfeld zu verstehen: «Du bist so stark. Wir wissen, dass du es schaffst und darüber hinwegkommst.» Ich fühlte mich nicht so. Aber ich wusste, dass ich das Thema nicht verdrängen, sondern mich damit konfrontieren wollte. Meine Erwartung an mich selbst setzte mich dabei unter Druck. Ich meinte, ich müsste alles in einem halben Jahr überwunden haben, um danach als «neue» Nicole Dommann frisch gestärkt eventuell erneut eine Partnerschaft eingehen zu können. Die Erwartung an mich selbst, dieser Rolle als starke Frau gerecht zu werden, war grösser als die meines Umfeldes.

Sensitivität jedoch kennt keine Erwartungen oder Rollen, sondern ist strukturlos. Sie fliesst. Das fordert unser Vertrauen, da es scheinbar keine Sicherheiten gibt. Auch ich durfte in meinem Fall den Prozess geschehen lassen. So gab es in dieser Zeit traurige Tage, an denen die Verletzung hochkam und ich viel geweint habe, und andere, an denen ich meine Kraft spürte.

Bei sensitiven Menschen hinterlässt diese Energie ein Gefühl. Wir fühlen mit leidenden Tieren, wir schwelgen, weil wir die grosse Liebe gefunden haben, oder wir strengen uns an, weil wir erfolgreich sein wollen. Allerdings entspricht das, was wir spüren, nicht immer dem, was wir tun. Uns ist es nicht möglich, nur aus dem Gefühl oder inneren Wissen heraus zu handeln. Da wir Menschen sind, die essen, trinken, Geld verdienen und schlafen müssen, treibt uns unsere Überlebensstrategie an. Solange wir nicht unmittelbar gefährdet sind, konzentrieren wir uns auf unseren Alltag. Wir sind uns bewusst, dass wir etwas für die Umwelt tun sollten. Trotzdem fliegen wir in die Ferien. Oder wir wüssten eigentlich, dass wir unseren Nächsten mehr Zeit widmen sollten. Dennoch sitzen wir oft vor dem Fernseher. Das zeigt uns unser Dilemma: Wir werden nie genau verstehen, warum wir das alles machen. Daran hindert uns allein schon die Materie, unser Körper. Dennoch gibt es in uns ein Wissen, das uns motiviert, unseren Weg zu suchen. Sensitivität lässt uns unsere Spiritualität erkennen. Wir fragen uns nach dem Sinn des Lebens. Dabei kann es nützlich sein, ab und an die spirituellen Anteile in dir zu spüren. Diese Meditation zeigt dir, wie du dich und deine Energie bewusst wahrnehmen kannst.

MEDITATION

Ich neutralisiere meine Gedanken

Setze dich auf einen Stuhl.

Schliesse deine Augen.

Gehe zu deinem Potenzial in der Körpermitte und spüre es bewusst. Stelle dir dabei vor, dass ein Gefäss mit Wasser vor dir steht. Das Gefäss, wie auch die Flüssigkeit, kann eine Farbe haben oder ganz neutral sein.

Spüre, wie das Wasser sich bewegt. Es ist neutral von Beurteilungen und bewegt sich sanft. Schwinge mit den Bewegungen des Wassers mit.

Erlaube dir nun, die Aufmerksamkeit auf deinen Kopf zu lenken. Alle Gedanken, alle Beurteilungen und alle Empfindungen werden zu Wassertropfen, die sachte in dieses Gefäss fallen. Sie vermischen sich mit dem vorhandenen Wasser, verlieren dabei ihre Wichtigkeit und neutralisieren sich.

Gib dir selbst genügend Zeit für diese Neutralisierung.

Erlaube dir, dort einzutauchen.

Bade in dieser reinen Energie.

Wenn du genug gebadet hast, öffne deine Augen.

Die Rolle des Körpers – sensitan statt vegan

Viele von uns reagieren erst dann sensitiv, wenn etwas am oder im Körper nicht mehr funktioniert. Die Grippe nach intensiven Arbeitsphasen ist ein Beispiel dafür. Wir werden flachgelegt und für ein paar Tage aus dem Verkehr gezogen. Das ist an sich ein harmloses, aber zu beachtendes Signal. Auch die Pandemie kann als Pause für Millionen von Menschen verstanden werden. Es könnten uns noch viel gravierendere Einschnitte wie ein Burn-out oder eine schwere Depression Einhalt gebieten. Die Wenigsten sind selbst schuld, wenn die Gesundheit nicht mehr mitmacht. Wir sind auch Teil unserer genetischen und biologischen Natur. Für uns ist es entscheidend zu erkennen, wo die genetische mit der energetischen Veranlagung zusammenspielt. Wir unterliegen dem Trugschluss, der Körper sei ein Vehikel. Er soll einfach funktionieren. Das tut er, aber er leistet noch mehr – das erkannte ich erst mit zunehmendem Alter. Ich habe über einen längeren Zeitraum durch Meditation Energie aufgebaut. Das versetzte mich in einen Zustand, in dem ich Schlaf nicht mehr als notwendig empfand. Meine Schlafdauer betrug damals etwa drei Stunden pro Nacht. Nach und nach wurde ich fahrig, begann zu zittern und konnte mich nur noch schwer konzentrieren. Als ich erkannte, dass mein Körper Ruhe respektive Schlaf brauchte und ich mir diesen auch gönnte, kam ich wieder in meine Kraft zurück und konnte den Alltag erneut bewältigen.

Ausserdem benötigen wir unseren Körper, um uns mit unserem Gegenüber, der Umgebung und dem Universum zu verbinden. Er dient uns als Kanal, zumal uns Menschen noch keine Alternative zur Verfügung steht, ausserhalb der Materie mit allem in Kontakt zu treten. Die Verbindung geschieht über die Atmung. Jeder Atemzug lässt uns das Leben spüren. Auch dann, wenn wir dabei regungslos auf einem Stuhl sitzen, weil wir meditieren.

Unser Organismus reagiert langsamer als unsere Energie, die

wiederum sehr schnell Blockaden abbaut. Der Körper jagt diesen Veränderungen nach. Er braucht länger, um energetische Staus oder Erinnerungen loszulassen. Das kann Wochen oder Monate später sein. Nicht jeder Schnupfen deutet darauf hin, dass wir aktuell «die Nase von etwas voll» haben. Viel wahrscheinlicher verweist die momentane Schwäche auf eine frühere Unausgeglichenheit. Du kennst es bestimmt, dass nach einer anstrengenden Phase bei der Arbeit die wohlverdienten Ferien mit einer gewaltigen Erkältung starten. Andererseits können wir nicht alle Körpersymptome als Verarbeitung einer früheren Begebenheit abtun. Eine plötzliche Gänsehaut warnt uns beispielsweise vor drohender Gefahr. Dieses Alarmsystem hat uns über Jahrtausende das Überleben gesichert. Nimm die Zeichen deines Körpers ernst.

Wir sollten mit unserem Organismus sorgfältig umgehen. Er ist materialisierte Energie. Indem wir erkennen, wie alles zusammenhängt, eröffnen wir uns die Möglichkeit, gut auf uns zu schauen. Um sensitive Verbindungen aufzunehmen, sollten wir ruhig sein. So geht es uns auch im Alltag. Wer erregt oder nervös ist, kann sich nur schwer auf seine Arbeit konzentrieren. Wer sich körperlich mit Atemübungen beruhigt, kann auf diese Weise auch seinen Geist entspannen. Ein ruhiger Körper verschafft uns die Möglichkeit, zu erfühlen, was wir in der Verbindung mit uns und dem Universum wahrnehmen. Dabei können wir unsere eigenen Emotionen nicht immer ausschalten. Sind wir beispielsweise traurig, schwingt das mit, wenn wir uns verbinden.

Denken wir noch kurz über den Körper als Antenne für unsere Sensitivität nach: Im Kontakt mit einem Gegenüber übernehmen wir manchmal gewisse Körperregungen. Wir husten, räuspern uns, spüren ein Kribbeln im Bauch, einen Stein im Magen oder müssen spontan niesen. Beim Hineinspüren werden diese Körpersymptome, die zum Gegenüber gehören, ausgelöst. Auch deshalb spielt der Körper eine wichtige Rolle. Er signalisiert uns alles, was wir über das Hellfühlen empfinden, lässt uns die Emotionen der Menschen spürbar erkennen. Unterschätze deinen Körper bitte nicht, er ist in der Lage, dir ganz klare Signale zu geben, wenn du etwas sensitiv empfängst.

Und noch etwas zum Nachdenken: Wir essen, trinken, berühren uns, hören Musik und geniessen den Sex. Unsere Sinnesfreuden bereichern unser Leben – solange wir körperlich sind. In einer anderen Energieform wären diese Körperempfindungen nicht in dieser Ausprägung erlebbar, wie sie das jetzt für uns sind. Wenn wir nur noch Energie wären, würde sich dies verändern. Energie kennt keinen Geschmackssinn. Energie tastet nicht. Als Menschen dürfen wir diese Erfahrungen machen und sie als solche schätzen.

Der Körper steht in einem ständigen Balanceakt mit unserer spirituellen Energie. Wenn wir nur «vergeistigt», also mental leben, wird es uns schwerfallen unserem Körper, der Materie ist, gerecht zu werden. Wir vergessen zum Beispiel zu essen oder zu schlafen. Leben wir stattdessen nur materiell orientiert, werden wir unserem geistigen Potenzial nicht gerecht. Die Balance zwischen Körper, Seele und Geist zu finden, ist eine grosse Aufgabe im Leben. In die eigene Energie zu kommen, hilft uns dabei. Wir sind in unserer Kraft, wenn wir unser inneres Licht spüren. Wir erfahren uns, wenn wir sind, und dies ermöglicht es uns, unser Potenzial zu nutzen. Sein bedeutet, sich wahrzunehmen, seine körperliche Materie zu erleben, die Energie im Körper zu fühlen und sich auf das zu konzentrieren, was da ist.

Um in die Balance zu kommen, kannst du folgende Meditation ausprobieren:

MEDITATION

Es ist, wie es ist: Annehmen

Fühle einfach, was da ist. Dabei kommentiert die Energie nicht.

Beobachte deinen Atem: Wo wird der Körper ruhig? Welche Stelle im Körper fühlt sich gut an, welche traurig, müde, energielos …? Nimm einfach diesen Ist-Zustand wahr und grüble nicht weiter, weshalb es so ist. Wenn du diesen Zustand erreicht hast, bist du bei DIR.

Bei sich zu sein, ist wertfrei. Male dir deshalb nicht aus, wie sich das anfühlen sollte. Vielleicht bist du glücklich, entspannt, dankbar. Oder du bist traurig, aufgewühlt, gestresst.

Wie immer du dich fühlst, nimm es an. Gestehe dir ein: «Ja, ich bin jetzt traurig.» Und nicht: «Weshalb bin ich traurig?» Kommst du darüber ins Grübeln, nährst du die Energie zusätzlich.

Bleibe neutral und akzeptiere den Ist-Zustand. Sein bedeutet, mit allem zu sein, was aktuell da ist. Es ist, wie es ist. Sobald wir dies akzeptieren, eröffnen sich uns neue Wege, wohin wir unsere Energie als nächstes lenken, und dabei hilft uns der Körper.

Sensitive können viel von ihren Träumen erfahren

Das hast du bestimmt auch schon erlebt: Ein Traum, den du vor Jahren hattest, bewahrheitet sich. Oder zumindest die Erkenntnis daraus. Als sensitive Menschen sollten wir Träume, die wir immer wieder haben oder die uns besonders stark beeindrucken, genauer anschauen. Über den Schlaf sind wir mit dem Universum verbunden. Das passiert auf natürliche Weise ohne unser Zutun. Wie du später noch lesen wirst, ist dort alles vorhanden. Die Vergangenheit, die Gegenwart und die Zukunft. Der Physiker und Theoretiker John A. Wheeler prägte das Zitat: «Zeit existiert, um zu verhindern, dass alles auf einmal passiert.» Alles hängt mit allem zusammen. In der Phase, in welcher der Tiefschlaf nicht mehr und das Erwachen noch nicht ist, bleiben Träume besonders gut in Erinnerung. Drei Monate vor dem Tod meines Vaters träumte ich von einer Beerdigung mit Hunderten von Leuten, die traurig in einem Blumenmeer standen. Eine damalige gute Freundin kam zu mir, überreichte mir eine Rose und sprach mir ihr Beileid aus. Da wurde mir klar, dass es sich um die Beerdigung meines Vaters handelte. Ich gab diesem Traum in den folgenden Tagen keine Bedeutung. Monate später bekam mein Vater die Diagnose Lungenkrebs. Er verstarb nach drei Wochen im Spital.

Vor einiger Zeit kam mir ein Onkel in den Sinn. Ich pflegte sporadischen Kontakt zu ihm. Doch im Verlauf des halben Jahres zuvor hatte sich dieser verloren, weil er ins Altersheim gezogen war. In der folgenden Nacht, als ich an den Onkel gedacht hatte, träumte ich, dass seine Schwester, die zugleich die meiner verstorbenen Mutter war, anrief und aufgeregt fragte: «Habt ihr heute Zeit? Ich muss euch etwas erzählen.» Ich lehnte – im Traum – höflich ab, worauf sie eingeschnappt reagierte. Es spielte sich so realistisch ab, dass ich nach dem Aufwachen einen Moment zögerte und mich erst vergewissern musste, ob ich nun telefoniert hatte oder nicht. Und das, obwohl diese Tante bereits mehrere Jahre tot war. Drei Tage später las ich in der Zeitung die Todesanzeige meines Onkels. Er starb an jenem Tag, als ich im Traum mit meiner Tante telefoniert hatte.

Solche visionären Blitze erlebe ich auch im Alltag. Ich möchte dich als sensitive Person auffordern, solche Träume ernst zu nehmen. Ich bin überzeugt davon, dass du schon ähnliche Momente erlebt hast. Sei es, dass du in gewissen Situationen bereits ahntest, was geschehen oder wie es ablaufen würde. Erst mit zunehmender Erfahrung habe ich für mich erkannt, dass dies eine Fähigkeit ist, die ich als Gabe mitbekommen habe. Ich habe mich lange dagegen gewehrt, dieses Potenzial anzuerkennen, weil mir der Umgang mit solchem Wissen einfach zu schwer schien.

Auch tagsüber haben wir Visionen

«Vision? Das ist doch pure Einbildung», denkst du bestimmt. Aber diese Déjà-vus, die wir alle kennen, sind Teile dieser Visionen. Es gab bestimmt auch bei dir Augenblicke, in denen du gedacht hast: «Genau so habe ich das schon einmal erlebt.» Oder wie ist es mit Dingen, zum Beispiel einer Wohnung, die du dir gewünscht hast? Vor deinem inneren Auge hattest du eine genaue Vorstellung: Balkon mit Seesicht, Küchenmöbel in Rot, Esszimmer mit Zugang zum Garten. Und dann, bei der fünften Wohnungsbesichtigung, findest du dich just in dieser Wohnung wieder. Es gibt auch Visionen, die ein Ereignis ganz explizit beschreiben. Du weisst, wie diese oder eine andere Situation ausgeht.

Folgende Übung kann dir helfen, deine inneren Bilder zu festigen und deine Visionen bewusster wahrzunehmen.

ÜBUNG

Mit dem Gotthardstau vom Kopf ins Gefühl

Mach es dir auf einem Stuhl oder dem Sofa bequem.

Schliesse deine Augen und fokussiere deine Gedanken auf deine nächste Urlaubsreise. Vielleicht wirst du allein reisen, vielleicht mit der Familie, eventuell mit Bekannten.

Gehe die Reise Schritt für Schritt durch: Du siehst, wie du den Koffer packst, das Gepäck im Auto verstaust und wie du abfährst.

Lasse die Fahrt «geschehen». Vielleicht siehst du, wie du problemlos über die Autobahn fährst, aber dir die Auseinandersetzung mit deiner Arbeitskollegin vom Vortag immer noch zusetzt. Das lässt deine Gedanken vom Weg abschweifen, sodass du die richtige Ausfahrt verpasst. Dies macht dich aufmerksamer für die Strecke.

> *Wenn du mit der Familie unterwegs bist, siehst du womöglich, wie die Kinder auf dem Rücksitz nörgeln und streiten, weil ihnen langweilig ist. Der Streit lässt auch deinen Partner nicht kalt. Dir wird bewusst, dass die Stimmung kippen könnte. Darauf kannst du dich vorbereiten.*
>
> *Es kann auch sein, dass ein Verkehrsstau in dein Bewusstsein drängt oder dass du eine andere Familie vor deinem gebuchten Feriendomizil siehst (der Vermieter hat versehentlich überbucht). Am besten fragst du gleich nach dieser Übung beim Gastgeber nach, ob alles wie vereinbart in Ordnung ist.*

Mit dieser Übung nimmst du die Erfahrung aus dem Kopf ins Gefühl. Du wälzt sie in deinem Hauptzentrum, nämlich in deinem Gespür. Erinnerst du dich? Wir empfinden stets als erstes ein Gefühl, sind also hellfühlend, bevor ein Bild oder ein Film entsteht. Über die Sicherheit, welche du mit der Zeit bezüglich deiner Wahrnehmung gewinnst, wirst du deinen Eingebungen immer mehr vertrauen.

Natürlich können Visionen gedanklich eingefärbt sein. Stau vor dem Gotthard ist Teil unserer Realität und beruht auf Erfahrungswissen. Zudem gibt es Staumeldungen. Deine Einwände sind nur teilweise berechtigt. Gehe in die Situation hinein. Vielleicht steht die Ampel, die dich zum Anhalten vor dem Tunnel zwingt, dieses Mal auf grün – ein Hinweis, dass du trotz Prognosen zügig vorwärtskommen wirst. Die Emotion, die in dir aufkommt, ist in diesem Moment die Information, die für dich wichtig ist.

Vieles geschieht gleichzeitig, manches dringt uns erst später ins Bewusstsein. Du darfst diese Visionen ernst nehmen und ihnen vertrauen. Es ist bei ganz Vielen Teil ihrer sensitiven Fähigkeiten.

Alles ist Energie – auch Pflanzen chatten

Ist es möglich, mit Pflanzen oder Tieren zu kommunizieren? Viele Sensitive beherrschen dies sehr gut und praktizieren es auch. Meiner Erfahrung nach ist es eine andere Art der Kommunikation mit der Natur.

Pflanzen, Tiere usw. verfügen über eine andere Schwingung. Diese lässt sich nicht in Intelligenz oder über Kommunikation messen wie bei uns. Pflanzen haben keine Nerven in dem Sinn, wie der Mensch sie hat. Dennoch gibt es vergleichbare Strukturen. Forscher haben herausgefunden, dass Pflanzen elektrische Signale senden. Mit dieser Energie können wir in Kontakt treten. Viele Frauen und Männer reden mit ihren Zimmer- oder Gartenpflanzen, damit sie besser gedeihen; der prominenteste unter ihnen ist König Charles III. In einem toskanischen Weinberg spielten Wissenschaftler den Reben über zehn Jahre lang klassische Musik vor. Das Ergebnis: Die beschallten Weinblätter waren grösser als die anderen, die Trauben aromatischer als die, die ohne Musik aufgewachsen waren.

Pflanzen kommunizieren und chatten – und das schon lange vor WhatsApp. Als Sensitive haben wir – sofern wir wollen – Zugang zu diesem Chat. Heute wissen wir: Jede Wurzelspitze eines Gewächses kann gleichzeitig 20 verschiedene chemische und physikalische Signale erkennen und verarbeiten. Bereits der britische Naturwissenschaftler Charles Darwin (1809–1882) hat diese Spitzen mit dem Gehirn von weniger entwickelten Tieren verglichen. Die Universität Florenz hat inzwischen ein Forschungslabor für die Neurobiologie der Pflanzen gegründet. Die Wissenschaftler konnten nachweisen, wie Sinnessignale in elektrische Signale umgewandelt werden. Dieser Vorgang löst Reaktionen aus – so produzieren die Gewächse etwa ausgeklügelte Duftstoffe, die eine Nachbarpflanze vor einer Gefahr warnen. Die Limabohne beispielsweise bildet einen Duftstoff, der einen Feind ihres Konkurrenten anzieht. Wie taktisch klug! Bis heute weiss die Pflanzenforschung von über 2000 verschiedenen Duftstoffverbindungen.

Die Vegetation hegt noch weitere Talente. Sie hat vor uns das «World Wide Web» erstellt, und zwar als «Wood Wide Web». Das gigantische Geflecht besteht aus Mykorrhizapilzen und Wurzelspitzen. Es verbindet Bäume über weite Entfernungen. Der Clou dabei: Über dieses Netz tauschen sie Informationen, Wasser oder Nährstoffe aus. Auf diese Weise halten Pilze die Naturwelt zusammen. Der Wald wird zu einem System ähnlich einer Familie. Zudem sind Pflanzen unausweichlich auf Beziehungen angewiesen. Sie reagieren sofort auf kleinste Gefahren – während wir Menschen grossen Umwälzungen wie dem Klimawandel nur langsam mit konkreten Taten entgegentreten.

Auch Haustiere reagieren heftig auf unsere Befindlichkeiten. Besonders Hunde und Katzen gehen auf unsere Stimmungen ein.

Mein Pudel-Mix legte sich immer sofort auf das Bett zu meiner Mutter, als sie schwer krank war. Beide haben das genossen – mein Hund und meine Mutter. Kurz bevor sie starb, weigerte sich Chulo, ihre Wohnung zu betreten. Kein Locken und kein Zuspruch halfen: Er wollte dort nicht mehr hinein.

Der Austausch mit unseren Haustieren ist weniger eine Kommunikation. Es geht vielmehr um ein Erspüren der Energie, des aktuellen Bedürfnisses oder der «Aussage», die das Tier in diesem Moment macht. Genau dies ist eine weitere Fähigkeit, die sensitive Menschen haben. Du gehörst bestimmt dazu und spürst deutlich, was dein Haustier von dir möchte. Nutze sie, falls sie dir bereits bewusst ist. Die Natur, Pflanzen und Tiere haben es mehr als verdient, dass wir ihnen Gehör schenken. Zudem können wir sehr viel von ihnen lernen.

Wir sehen in diesen Beispielen, dass auch hier alles mit allem verbunden ist und wir als wahrnehmende Menschen nicht die Einzigen sind, die diese Energien nutzen, um in Verbindung zu gehen.

Selbst Orte besitzen energetische Prägungen. Sie agieren als Speicher von Gelebtem und spiegeln diesen energetischen Abdruck. Ich nenne das auch den energetischen Fussabdruck. Auf dem Mühleplatz in Luzern wurden im Mittelalter Menschen erhängt. Noch heute ist es dort selbst an heissen Sommertagen kühler als anderswo und stets weckt ein Luftzug ein gewisses Unbehagen, wenn man sich auf dem Platz aufhält. Probiere doch einmal folgende Übung aus:

ÜBUNG

Wenn der Stuhl zu mir spricht

Für diese Übung sollten mehrere Personen anwesend sein. Achte darauf, dass sich die verschiedenen Personen nicht begegnen.

Jemand soll sich auf einen Stuhl dir gegenüber hinsetzen.

Nach einer Weile bittest du die Person, den Raum wieder zu verlassen.

Lasse danach eine andere Person auf diesem Stuhl Platz nehmen und bitte sie zu erspüren, wer zuvor dort gesessen hat.

Lasse dir genau beschreiben, was für Eigenschaften oder aktuelle Gefühlsregungen die Person prägen, die zuerst auf dem Stuhl gesessen hat. Es geht nicht darum, den Namen herauszufinden.

Gibt es besondere Gegenstände, die einem zufallen und die mit dieser Person zu tun haben? Das können auch Alltagsdinge sein, wie die Farbe des Autos der Person oder was für ein Haustier sie besitzt (falls sie überhaupt eines hat).

Als Alternative kannst du dir auch einen Gegenstand von einer Person geben lassen und herausspüren, woher er kommt, was für eine Geschichte er hat usw.

Dankbarkeit stärkt die Sensitivität für die Gemeinschaft

Der Nachbar, die Verkäuferin an der Kasse, der Hundehalter im Park – Gemeinschaft ist überall. Es geht darum, für den anderen da zu sein, ohne sich zu verlieren. Dabei kann es herausfordernd sein, die Balance zwischen deinen eigenen und fremden Bedürfnissen zu halten. Halte dir immer vor Augen:

- Was kann ich?
- Wie weit kann ich gehen?
- Was benötigt der andere?
- Wie viel kann ich ihm geben, ohne mich zu verlieren?

Gerade in der heutigen Zeit ist die Selbstdarstellung einer der Knackpunkte unserer Gesellschaft. Für ganz viele Menschen ist es enorm wichtig, nach aussen hin jemand zu sein oder zu verkörpern. Das halbe Leben, wenn nicht sogar das ganze, wird öffentlich über Social-Media-Kanäle zur Schau gestellt und vermeintlich mit anderen geteilt. Indes bin ich selten so vielen einsamen, traurigen Menschen begegnet, wie in den letzten Jahren, weil verpflichtende, nahe Begegnungen wenig möglich sind in all dem Alltagsstress.

Uns Menschen sollte wieder bewusst werden, wie sehr uns die grosse Verbindung mit allem und jedem zu einer Gesamtheit macht.

Übe ab und an im Stillen für dich, willentlich Energie zu empfangen und zu senden. Dieses Weitergeben und Erhalten wird in dir ein Gefühl von Dankbarkeit auslösen. Kleine Gesten des Gebens und Nehmens im Alltag sind Balsam für die Seele. Es gibt so viele Dinge, die wir als selbstverständlich hinnehmen. Zufrieden zu sein, hat etwas völlig Unaufgeregtes an sich. Kleine, wunderbare Geschichten entwickeln sich ohne grossen Tumult. Sie sind es, die letzten Endes unser Leben ausmachen. Das Unscheinbare, das Leise, ist das neue grosse Wunder. Ich verstehe gut, wenn du dagegenhältst, weil vielleicht gerade einiges schiefläuft in deinem Leben. Wofür kannst du dankbar sein? Ja, das ist schwierig. In dem Fall bitte ich dich, akzeptiere wenigstens, dass es im Moment so ist. Denn je mehr du versuchst, den Moment zu ändern, desto mehr entfernst du dich von dir. Und du weisst: Der Schlüssel liegt in dir. Niemand kann eine Situation oder einen anderen Menschen ändern. Aber deine Einstellung dazu und wie du damit umgehen möchtest, liegt in deiner Hand. Vielleicht machst du die nächste Meditation, damit du spürst, wie viel Gutes in deinem Leben ist.

MEDITATION

Dankbarkeit

Setze dich auf einen Stuhl.

Gehe in deine Körpermitte und bau dort deine Energie mit Hilfe deines Atems auf.

Denke an all die Dinge, für die du dankbar bist:
deine Familie, deine Freunde, den Ort, an dem du lebst,
dass du gesund bist, dass du eine gute Arbeitsstelle hast,
die Natur usw.

Stell dir nun vor, diese Dankbarkeit wäre eine farbige Kugel. Bei jedem Atemzug wird sie grösser. Lass die Kugel so gross werden, dass sie dich komplett umhüllt.

Geniesse diesen Zustand in deiner Dankbarkeitskugel, solange du möchtest.

Wenn es stimmig ist, beginne dich langsam zu bewegen, bis du wieder ganz im Jetzt bist.

Warum ist die Zukunft sensitiv?

Wir können es uns nicht mehr leisten, einzig auf uns zu schauen, quasi nur vor unserer eigenen Tür zu kehren. Ich weiss, dass wir aufgefordert sind, stärker unserer Intuition zu folgen. Meiner Meinung nach wären fast alle Themen mit gesundem Menschenverstand lösbar, welche im Moment die Welt beschäftigen. Die Zeiten von «Hauptsache mir geht es gut» sind vorbei. Natürlich sind wir weiter als Individuum gefragt. Du musst weder völlig selbstlos werden noch unablässig als «Mutter Teresa» unterwegs sein. Sobald du weisst, wer du bist, und spürst, wer der andere ist, kannst du darauf eingehen und dennoch bei dir bleiben. Wir dürfen unsere Verantwortung übernehmen, weil wir wissen, dass jeder von uns einen Beitrag leisten kann, um die längst fällige Veränderung im Denken und Handeln herbeizuführen. Ich glaube fest daran, dass wir es schaffen werden, aus dieser allgemeinen Depression herauszukommen. Wir sind aufs Überleben ausgerichtet. Vielleicht müssen wir einfach verstehen, dass wir einen neuen, uns noch fremden Weg einschlagen sollten – ich bin das, was ich fühle, und manifestiere es in der Welt.

Alles auf unserem Planeten ist Energie. Gespiegelt vom Universum, ist unsere Erde ein Abbild der allumfassenden Energie. Pflanzen und Tiere sind spiegelnde Energien. Wenn wir davon sprechen, dass der Hund seinem Herrn ähnlich ist, steckt viel Wahrheit darin. Nicht nur das Äussere kann sich ähneln, vielmehr schwingen Hund und Mensch oft gleich. Mein kleiner Rüde, der vor nicht allzu langer Zeit verstorben ist, war das beste Beispiel dafür. Chulo hatte ein feines Gespür für Personen und ihre Energie. Eigentlich wusste er sehr genau, dass er während meiner Coaching-Sitzungen auf seinem Platz im oberen Stockwerk bleiben musste. Allerdings kam es immer wieder vor, dass er nach einer Sitzung mit Kontakt zu Verstorbenen hinter der geschlossenen Türe des Sitzungszimmers wartete. Ich bin überzeugt, dass er genau gespürt hat, wann meine Klienten besonders emotional waren und Trost von seinem liebenswürdigen Wesen brauchten.

Natürlich spiegeln unsere Mitmenschen uns und wir sie. Deshalb sollten wir das Gegenüber in seiner ganzen Grösse erspüren und uns selbst erkennen. Auf diese Weise können wir alle Stärken entwickeln und nutzen. Wir sollten dabei nicht urteilen, denn ein wertfreier Blick kann uns davor bewahren, den anderen schlecht zu behandeln. Leider werden wir trotzdem manchmal unter die Räder kommen. Denn nicht alle sind sich ihrer selbst bewusst. Oft müssen wir als Spiegel für die Leute herhalten, die ihr eigenes Potenzial noch nicht kennen. Wenn wir unser sensitives Bewusstsein schon etwas entwickelt haben, kann uns dies aber weniger belasten. Zumindest, wenn du dich abgrenzen kannst. Dies räumt uns Ressourcen ein, uns um andere Dinge zu kümmern, wie etwa der Frage: Was machen wir aus unserem Planeten und was geben wir weiter an jene, die nach uns kommen? Ich habe grosse Hoffnung, dass wir eines Tages einen verantwortungsvollen Umgang mit der Erde und ihren Menschen pflegen. Ich denke, jedem ist mittlerweile klar geworden – und dazu muss man kein besonders feinfühliger Mensch sein –, dass wir nicht mehr so weitermachen können. Mein Innerstes sagt mir, dass wir jetzt eine Wende einleiten können, aber nur, wenn wir bereit sind, bei uns selbst anzufangen. Die Zeiten ändern sich und wenn wir dazu Ja sagen, können wir gestalten und nicht nur reagieren. Im Alltag erleben wir ständig und überall sensitive Momente: unter Arbeitskolleginnen und -kollegen, im Familien-, Freundes- oder Bekanntenkreis, in dem man sich manchmal ohne Worte versteht, weil man das Gegenüber gut spürt. Mütter und Väter handhaben das instinktiv, wenn sie ein Neugeborenes umsorgen. Was braucht mein Kind? Wieso weint es? Ist ihm kalt oder zu warm? Wir wissen es in solchen Situationen einfach. Das Fühlen spielt hierbei mit den eigenen sensitiven Erfahrungen zusammen. Unser Ziel ist es, diese Energie für das Kollektiv und unseren

Planeten zu nutzen. Es wird kaum gelingen, jeden Tag für unsere Sensitivität zu nutzen, aber wir sollten den Ansporn haben, das Beste aus ihm zu machen, selbst wenn er sich nicht besonders «sonnig» anfühlt, weil wir viel zu viel zu tun haben oder in einer Krisensituation stecken.

Innenschau: Ich ergründe mich und werde dadurch sensitiver

Um deine Sensitivität besser zu verstehen, solltest du mehr über dich wissen. Dazu gehört, dass du dein «Selbst» oder dein «Ego» kennenlernst. Deinen *Selbst*wert oder das *Selbst*vertrauen, welches du dir gibst. Wie steht es um deine Achtung vor dir selbst? Wann ruft dein Ego? Damit wir dies verstehen, müssen wir zuerst wissen, welchem Anteil wir zu wenig oder übermässig Beachtung schenken. Wenn du deine «Schwachstellen» kennst, wird es viel einfacher, deine sensitive Begabung zu nutzen. Bei vielen Sensitiven fehlt es an Selbstvertrauen. Oder sie vermeiden es, ihr Ego zu leben, weil viele von uns meinen, dieses zu zeigen, habe mit Egoismus zu tun.

In der spirituellen Literatur steht das Ego für das gedankliche Selbstbild eines Menschen. Kurz: Wer wir denken zu sein. Manche Menschen haben ein grosses Selbst, manche ein kleines. Letztere sind mehr als andere auf Bestätigung und Regulation von aussen angewiesen. Das führt uns zu einem weiteren Aspekt: Das Ego ist ein Konstrukt unseres Denkens. Denken wiederum entspricht nicht der Wirklichkeit, sondern dem, was unser Verstand zurechtbiegt. Das eigentliche Sein ist unabhängig von diesen Gedanken. Es sitzt ganz tief in uns und ist «All»-Liebe, also wir lieben uns selbst, die Menschen, das Universum. Alles, womit wir in Verbindung stehen.

Ein niedriges oder schwaches Ego ist geprägt von Selbstzweifeln, Selbstentwertung oder mangelndem Selbstvertrauen. In solchen Momenten trage ich entweder ein Selbstbild nach aussen, das überhöht ist, oder ich mache mich viel kleiner, als ich bin, in der Erwartung, dass das Aussen meinen Mangel auffüllt. Dieses «ICH» zu verstehen, ist eine grosse Aufgabe. Sie bedeutet, uns so anzunehmen, wie wir sind. Selbst wenn wir unser Ego erkennen, sind wir nicht frei von den Mustern, die wir aufgebaut haben. Wir sind geprägt von Erinnerungen und Erfahrungen. Daraus entwickeln wir Verhaltensweisen, um unsere eigenen Erwartungen oder die anderer zu befriedigen. Dabei sind wir uns meistens nicht bewusst, dass jenes Bild, das wir dabei nach aussen tragen, nicht dem entspricht, was wir sind.

«ICH bin» ist ein Zustand, der völlig wertfrei ist. Aber dies ist ein Thema, das ganze Bücher füllen könnte. Ich möchte es an dieser Stelle erwähnen, weil es sich gut anfühlt, sich damit zu beschäftigen, und weil es uns auf dem sensitiven Weg weiterbringt.

Folgender Vergleich verdeutlicht dies: Manager, die viel mehr verdienen als der Durchschnitt, weil sie beispielsweise ein erfolgreiches Unternehmen führen, sind davon überzeugt, sie seien es wert, dass sie eine Million Franken im Jahr erhalten. Einer Mutter, die stets selbstlos – das Wort sagt es bereits – für ihre Kinder da ist, ihre Bedürfnisse deshalb zurücknimmt und sich keine Auszeit oder Freiheiten gönnt, kann es passieren, dass sie mit einem kleineren Selbstwert durchs Leben geht. Denn unsere Gesellschaft legt den Wert einer Person in Zahlen, dem Verdienst, fest. Vergleiche mit anderen Personen können zu mehr oder weniger Selbstwert führen. Denken wir von einer Person, sie sei besser oder mehr wert, taucht bei uns die Frage auf, ob man vielleicht doch nicht so gut ist, wie vermutet (oder gehofft). Um unseren eigenen Wert zu stärken, sollten wir uns deshalb von externen Bewertungen frei machen. Unseren Wert spüren wir nur in uns selbst. Er wird uns zwar von der Aussenwelt gespiegelt, die Bewertung aber nehmen wir allein vor.

Als vorsichtiger Mensch habe ich gelernt, gewisse Situationen und Personen zuerst sensitiv zu überprüfen. Sind mein Bankberater und der Hausarzt vertrauenswürdig? Aufgrund meiner Erfahrung weiss ich, dass ich mir in solchen Momenten vertrauen kann. Das heisst, ich kann mich auf meine Empfindung verlassen. Ich spüre, dass ich mit diesen Menschen zusammenarbeiten möchte. Ich vertraue auf den Weg, den ich beruflich eingeschlagen habe. Ich weiss um meine Fähigkeiten, meine Fertigkeit, vertraue auf mein Handeln und meine Entscheidungen. Selbstvertrauen lässt sich nicht in einem Wert zusammenfassen. Es ist situativ von Bereich zu Bereich unterschiedlich und hängt damit zusammen, welche Erfahrungen wir gesammelt haben. Es kann sein, dass jemand in gewissen Momenten, zum Beispiel bei der Arbeit, viel Selbstvertrauen hat, sich jedoch als Mensch im privaten Bereich nicht wertvoll fühlt.

Bereits die Wörter an sich zeigen auf, dass es sich um verschiedene Dinge handelt: Der Wert, den ich mir als Person gebe, ist der *Selbstwert*. Fühle ich mich in der Freundesrunde gleichwertig, bin ich unabhängig von dem, was die anderen im täglichen Leben tun. Ich erinnere mich an eine Frauenrunde, in der wir uns einander vorgestellt haben. Die meisten waren berufstätig, ich indes war damals «Vollzeit-Mutter» von vier kleinen Kindern. Vorgestellt habe ich mich als «Managerin eines kleinen Familienunternehmens». Ich hätte auch einfach «Hausfrau und Mutter» sagen können, wollte mir mit der Bezeichnung «Familienmanagerin» aber mehr Wert geben. – *Selbstvertrauen* schliesst all das ein, was ich mir selbst zutraue. Vertraue ich der Entscheidung, die ich treffe? Muss ich zuerst unzählige Leute zu diesem Thema konsultieren? Ich vertraue darauf, die passenden Worte zu finden. Ich kann das richtige Konzept schreiben und den erfolgreichen Weg im Job oder mit meinem Unternehmen einschlagen.

Bei allen «Selbst»-Wörtern lohnt es sich, diese genauer anzusehen: *Selbst*schutz, *Selbst*sicherheit, *Selbst*verliebtheit, *Selbst*wert. Nimm diese Wörter auseinander und schaue dahinter. Sie sind ein Schlüssel, um sich selbst kennenzulernen. Im Folgenden zähle ich ein paar Begriffe auf, mit Hilfe derer du herausfinden kannst, welches «Selbst» du weiterentwickeln darfst.

«Selbst»-Wörter im Überblick

SELBSTBEWUSSTSEIN

Mir ist klar, wer oder was ich bin. Ich weiss um meine Stärken und Schwächen. Ich bin mir bewusst, dass meine Psyche, meine Vergangenheit und meine Muster Einfluss nehmen auf mein Sein. Selbstbewusstsein, wie ich es verstehe, geht noch einen Schritt weiter: Es hat auch eine energetische Komponente. Dabei nehme ich mich energetisch wahr. Was bedeutet meine Energie? Ist sie sanft? Gleichmütig? Voller Power? Sonnig? Zögerlich? Abwartend? Neugierig?

Wir sind Energie und tragen diese täglich nach aussen. Sich dessen gewahr zu werden, bedeutet für mich ebenso Selbstbewusstsein, wie die herkömmliche Definition. Wenn du dir über deine Fähigkeiten im Klaren bist, handelst du auch so. Selbstbewusstsein wird in unserer Gesellschaft häufig als positiv bewertet. Nicht jeder jedoch, der selbstbewusst auftritt, ist sich selbst auch fühlend bewusst. Ganzheitliches Selbstbewusstsein erlaubt uns, energetisch in das Bewusstsein einzutauchen und es ganz selbstverständlich nach aussen zu tragen.

SELBSTVERTRAUEN

Selbstvertrauen gründet auf dem Gefühl, dass ich mich auf mich verlassen kann. Ich spüre, dass ich der Kompass in meinem Leben bin. Dieses Vertrauen hat viel mit dem Urvertrauen ins Leben zu tun. Ich bin richtig, so wie ich bin. Ich spüre, wie ich von meinen inneren Anteilen geführt werde. Eine der grössten Aufgaben dabei ist es, darauf zu vertrauen, dass alles, was aktuell in meinem Leben geschieht, auch richtig für mich ist. Selbstvertrauen ist, zu jeder Zeit zu wissen, dass ich den rechten Weg oder Ausweg finden werde.

Selbstvertrauen wird allgemein oft als Oberbegriff für alle

«Selbst»-Wörter genannt. Doch sollte man eindeutiger unterscheiden: Um welchen Mangel handelt es sich genau? Welcher der «Selbst»-Bereiche wurde am stärksten von den Lebensumständen erschüttert? Das Vertrauen in andere finde ich über mein Selbstvertrauen: Ist mein Vertrauen in das Leben intakt, kann ich auch im Aussen Vertrauen aufbauen. Selbstvertrauen macht uns unabhängig und frei: Egal, was draussen passiert, es erschüttert mich nicht, denn ich kann auf mich vertrauen.

SELBSTWERT

Unser Wert hängt mit dem Respekt zusammen, den wir uns selbst zollen. Diesen finden wir nicht in der Aussenwelt, denn nicht die Höhe des Lohns, die Grösse des Freundeskreises oder die Anzahl der Verwaltungsratsmandate sind ausschlaggebend. Viele Menschen sind sich bewusst, wie wertvoll sie sind. Doch Selbstwert schliesst für mich auch das Handeln ein. Die eine Ebene ist: Ich weiss, dass ich wertvoll bin oder dass ich ein gewisses Potenzial habe. Die andere beinhaltet, nach dem eigenen Wert zu handeln: Ich bin es mir wert, mir Ruhepausen zu gönnen, heute Zeit für mich zu haben. Ich bin es mir wert, mich in einem Chor anzumelden oder Gesangstunden zu nehmen. Unser Selbstwert sollte uns sehr bewusst sein. Erkenne ich meinen eigenen Wert, wird mir klar, dass ich auch für unsere Gesellschaft von Wert bin.

Du erkennst deinen Selbstwert dort, wo du in Taten umsetzt, was für dich wertvoll ist. Dies beginnt bereits im Gespräch mit anderen. Wenn ich etwas sage, das meinen Wertvorstellungen entspricht, halte ich es aus, wenn jemand anderer Meinung ist.

SELBSTZWEIFEL

Selbstzweifel beruhen auf einer psychologischen Ursache. Insbesondere Zweifel sind ein weitverbreitetes Phänomen. Genüge ich? Kann ich mir vertrauen? Zeige ich mich so, wie ich bin? Gelange ich an mein Ziel? Bin ich gut genug? Habe ich mein Bestes gegeben? Folge ich meiner inneren Führung? Wenn wir uns diesen Gedanken hingeben, erhoffen wir uns Antworten von aussen. Wir möchten eine Bestätigung, dass wir genauso gut sind, wie wir es von uns denken, und dass wir nichts verändern müssen. Unser Zweifeln wird uns immer wieder auffordern, uns infrage zu stellen. Um zur Lösung zu gelangen, sollten wir wissen, woran wir zweifeln. Was hält mich davon ab, so zu sein, wie ich wirklich bin?

Hier ist eine Übung, die dir helfen kann, mehr Klarheit über deine «Selbst» zu bekommen.

ÜBUNG

Finde heraus, welches «Selbst» einen Schubser benötigt

Setz dich auf einen Stuhl. Stell dir bildlich eine Situation vor, in der du vermeintlich versagt hast. Erlaube dir, dass Bilder oder sogar ein Film vor deinem inneren Auge entstehen.

Gehe tiefer hinein. Spüre jetzt alle Gefühle, die in dieser Situation aufgekommen sind.

Halte diese Gefühle aus.

Was war dein Mangel in dieser Situation?

Was hättest du benötigt, um souverän damit umgehen zu können? An dieser Stelle wird dir bewusst, welches «Selbst» entwickelt werden darf.

Lass nun den Film oder die Bilder noch einmal vor dir entstehen. Aber jetzt mit der Souveränität, mit dem «Selbst», das dir in der realen Situation gefehlt hat.

Wiederhole diese Übung regelmässig. Auf diese Weise wirst du dir immer bewusster, was dir manchmal im Weg steht.

Folge deiner Intuition

Stellst du dir auch manchmal die Frage, warum es immer mehr Menschen gibt, die ihr Bewusstsein schärfen und weiterentwickeln? War dieses nicht zu aller Zeit da? Natürlich, das Potenzial war und ist schon längst vorhanden. Aussagen wie «Ich habe aus dem Bauch heraus entschieden» oder «Ich wusste, mit ihr will ich durchs Leben gehen» belegen uns dies. Wir erlauben uns immer öfter, unbewusst zu handeln. Für viele ist es normal geworden, ihrem Bauchgefühl bei Entscheidungen zu folgen.

Du benötigst keine jahrelange Meditationspraxis oder stundenlanges Sitzen, um dir bewusst zu werden, was du in diesem Moment brauchst. Viele von uns reagieren oder handeln einfach aus dem Bauch heraus. Das Gehirn ist so weit entwickelt, dass Informationen sekundenschnell verarbeitet werden. Dies geschieht bei vielen Sensitiven ebenso mit ihrer Intuition, ihrer Wahrnehmung. Das heisst, wir erlauben uns wieder, die Inspiration aus den Emotionen in unser Handeln einfliessen zu lassen.

Die meisten Menschen in der westlichen Welt sind in einer komfortablen Lage. Wir müssen nicht mehr täglich ums nackte Überleben kämpfen. Das erlaubt es uns, die immer grössere Bewusstheit über feinstoffliche Dinge zu erkennen und in unseren Alltag zu integrieren. Auf diese Weise lernen wir die Verbindung vom Fühlen ins Denken und weiter ins Handeln. Ich bin überzeugt, dass die künftigen Generationen nicht mehr zwischen Gedanken und Inspiration unterscheiden, da diese Art von schneller Wahrnehmung zur Realität werden wird.

Essenz – Seele – Charakter: Wie wir dieses Trio unterscheiden

Lass uns zunächst über unsere Seele sprechen oder über die Vorstellung, die ich davon habe und sie von der Essenz und dem Charakter unterscheide. Du weisst: Wenn du in Verbindung mit einem Gegenüber gehst, entsteht eine energetische Schwingung von Seele zu Seele.

Seele, Charakter und Essenz werden als Begriffe häufig fälschlicherweise gleichbedeutend verwendet. Vor allem Seele und Essenz scheinen uns austauschbar.

Was aber ist die Essenz, wenn es sich dabei nicht um die Seele handelt? Was wiederum symbolisiert die Seele und welche Rolle spielt der Charakter? Zum besseren Verständnis schauen wir uns zuerst kurz an, was die jeweiligen Begriffe tatsächlich sind.

ESSENZ

Die Essenz eines Menschen ist völlig rein. Sie ist frei von Prägungen oder Ängsten. Sie ist auch nicht egoistisch motiviert, sondern als reine Energie in uns vorhanden. Ich würde es als «All»-Liebe bezeichnen. Wir tragen ein Abbild vom Göttlichen, vom Universum in uns. Die ursprüngliche Essenz ist bei allen Menschen identisch. Die Aufgaben, die wir im Leben übernehmen, und wie wir diese Essenz ins Leben bringen, wird von unserer Seele und unserem Charakter geprägt.

SEELE

Die Seele trägt die Essenz in sich. Sie ist wie ein Gefäss oder auch das Transportmittel, in dem die Essenz ruht. In diesem Gefäss befinden sich zudem Erfahrungen und Gefühle, also Erinnerungen, welche die Seele bereits vor unserer Geburt geprägt haben. Dabei spielen die Situation der Mutter und die Umgebung, in die wir hineingeboren werden, eine wichtige Rolle. Sie bilden eine erste Hülle um die Essenz und zeigen sich später im Charakter und Verhalten des Menschen. Während des Lebens kommen laufend weitere Erfahrungen in dieses Gefäss hinein und bleiben erhalten.

Aufgrund der Erfahrungen, die ich über Jahre als spiritueller Coach und Medium gemacht habe, stelle ich mir Folgendes vor: Bei unserem Ableben kehrt die Seele in das wissende Netz, in die «All»-Liebe, ins Universum, ins Göttliche, wie auch immer du es nennst, zurück. Sie wird dort gereinigt, aufgelöst und neutralisiert, damit die pure Essenz erneut zum Vorschein kommt. Dies geschieht über Bewusstwerdung der eigenen Taten und des Handelns im Leben auf Erden. Im Kapitel «Wissendes Netz» (Seite 127) erfährst du, was ich damit meine.

Wenn du dich mit diesen Themen beschäftigst, wirst du eine Ahnung davon bekommen, was dich nach dem materiellen Sein erwartet. Eine Ahnung meint hier wirklich ein Gefühl. Vorstellungen, Gedanken oder sogar Bilder werden nie dem entsprechen, was da tatsächlich ist.

CHARAKTER

Aus der Seele heraus formt sich unser Charakter. Er ist noch stärker geprägt von bewusst Erlebtem – im Gegensatz zur Seele, die auch unbewusst Erlebtes in sich trägt.

In unserem Körper vereinen wir die Essenz, die Seele und unseren Charakter. Der Körper ermöglicht es uns, das, was wir in uns tragen, nach aussen zu manifestieren.

Wie das Trio funktioniert – das Beispiel der Kirsche

Stell dir für die folgenden Ausführungen eine Kirsche vor. Sie hilft zu verstehen, wie Essenz, Seele und Charakter miteinander in Verbindung stehen.

In der Mitte der Kirsche befindet sich der Kern, welcher mit unserer DNA zu vergleichen ist oder energetisch alle Anlagen in sich trägt, wie das wissende Netz, das uns umgibt. Alles, was im wissenden Netz ist, tragen wir als Energie in unserem Kern, der Essenz. Mit anderen Worten: Wir tragen den göttlichen Funken in uns. Wir sind Teil dieses Netzes und dessen Anteile sind in unserem Kern angelegt. Auch im Falle der Kirsche birgt der Kern alle Informationen in sich, welche sie für ihr Wachstum und ihre Entwicklung benötigt – aber nicht nur die üben Einfluss aus: Auch die Wärme, Kälte, Sonne oder gar ein hungriger Wurm prägen die Beschaffenheit des Fruchtfleisches. Sie trägt Narben und Wunden (vom Wurm!), wendet sich dem Licht und der Sonne zu. Die Haut rundherum schützt den Kern und das Fleisch und interagiert als dünne Membran mit ihrer Umgebung und den äusseren Einflüssen – ähnlich wie unser Charakter. Er bietet uns einen fragilen Schutz. Was den Schutz durchdringt, geht direkt ins Fleisch, nie aber an unseren Kern, der unsere Essenz symbolisiert. Dessen dicke, harte Schale schützt die Essenz und erhält sie in ihrer Reinheit.

Manche von uns gehen mit einer «dicken» Haut durchs Leben, andere wiederum sind sehr dünnhäutig. Ungeachtet dessen dringen Verletzungen bis ins «Fruchtfleisch» vor. Über Erkenntnisse wird unsere Haut jeweils erneut kuriert. Aber das Fleisch braucht länger, um die seelischen Themen aufzuarbeiten. Menschen, die sensitiv sind und sensitiv arbeiten, berühren die gesamte Kirsche. Dennoch können auch sie nicht sofort bis zum Kern vordringen, weil er tief verborgen und geschützt liegt.

Da sich der Kern der Kirsche nicht von den anderen Kernen unterscheidet, würde dies bedeuten, dass wir alle mit der gleichen Aufgabe betraut wären. Jedoch verläuft unsere Entwicklung individuell auf unserem Lebensweg, bis wir unserem Kern, unserer Essenz, wieder näherkommen. Trotzdem prägt unser Bewusstsein die Gesellschaft mit. Jeder Beitrag von uns ist ebenso eine Unterstützung für das System der menschlichen Gemeinschaft. Bei jedem individuellen Entwicklungsschritt geht es auch um das Kollektiv.

Sobald wir eine Vorstellung haben, wie wir in der Essenz funktionieren und worauf diese bei uns angelegt ist, können wir gewisse Dinge im Leben ändern respektive eine Ahnung bekommen, was unsere «Lebensaufgabe» ist. Ich rede hier bewusst von einer Annahme, da wir die Essenz nicht im Ganzen erfassen können. Wir versuchen, sie mit Hilfe unserer Gedanken zu verstehen. Das glückt aber nicht, denn Essenz ist pure Energie. Diese lässt sich nur erfühlen. Wenn es uns gelingt, uns für einen Moment mit unserem Kern zu verbinden, kann es sich wie «nach Hause kommen» anfühlen. Im Gegensatz zur Seele braucht die Essenz kein Aussen, um sich «ganz» zu fühlen. Die Aussage «Ich bin» während einer Meditation lässt uns dieser Essenz für einige Sekunden näherkommen. Hier eine kleine Anleitung dazu.

MEDITATION

Sich der Essenz annähern

Nimm dir einen Augenblick Zeit für dich.

Setze dich an einen Ort, an dem du dich wohlfühlst.

Baue Energie im Körper auf, indem du dir ein Licht in deinem Körper vorstellst. Bei jeder Einatmung vergrösserst du das Licht und beim Ausatmen verteilst du das Licht im Körper.

Lasse dieses Licht wirken.
Wie fühlt es sich an? Wie fühlst du dich?

Denke jetzt behutsam beim Einatmen «Ich bin» und lasse es beim Ausatmen wirken. Es geht genau um diese anfänglichen Sekunden des Ausatmens, in denen du frei von Gedanken und Emotionen bist. Das kann sich nach Nichts, nach Raum, nach Weite oder nach Stille anfühlen.

Mit zunehmender Praxis kannst du dieses Nichts oder den Raum, die Weite oder die Stille vergrössern. Das ist der Moment, in dem wir mit der Essenz in Berührung kommen.

Unsere Seele ist wahrscheinlich der Ort, mit dem wir uns während unseres Lebens am meisten beschäftigen. Zumindest Menschen, die sich kennenlernen, die in einer Krise stecken oder die sensitiv sind. Die Seele trägt eine lange Geschichte mit sich – und sie verleiht uns unseren Charakter, unsere Persönlichkeit.

Die Seele ist – um zurück zur Kirsche zu kommen –, das Fruchtfleisch. Schon während wir im Mutterleib sind, wird diese geprägt. Das kann sehr vielseitig geschehen. Ein paar Beispiele: Die Mutter hat Angst, dass das Kind krank sein wird. Der Zeitpunkt der Schwangerschaft passt nicht in den Lebensplan der Eltern. Die Hoffnungen und Erwartungen an das kommende Kind sind riesig. Auch die Prägungen des Vaters können Einfluss nehmen, wenn er den lang ersehnten Stammhalter erwartet. Umgekehrt prägt es genauso, wenn in der Familienstruktur die Frauen alles regeln. Unbewusst gehen Sorgen und Ängste an das Ungeborene über und hinterlassen auf der Seele erste Spuren. Natürlich werden auch Familienthemen über Generationen energetisch weitergegeben. Wir können nicht verhindern, dass das geschieht. Wir können aber unsere Themen angehen, damit nicht alles bei unseren Nachkommen landet.

Später, während des Erwachsenwerdens und bis zu unserem Tod, werden wir unmittelbar durch unsere Umgebung und die Lebensumstände geprägt, in die wir geboren wurden. Dies wird nach und nach im Fruchtfleisch eingelagert. Alles, was in unserem Leben passiert, positive wie negative Erfahrungen, werden bewusst oder unbewusst gespeichert. Natürlich sind die Verletzungen unterschiedlich tief und es bleiben je nach Erlebtem, feinere oder stark ausgeprägte Narben. Ich denke aber, dass der gesunde, dunkelrote, unversehrte Anteil der Kirsche all die Freude, das Glück und die positiven Geschehnisse beinhaltet. Als wären diese Erlebnisse wie Sauerstoff für das gesunde Gewebe, damit es sich erneuert und seine wunderbare Unversehrtheit behält. Das bedeutet nicht, dass jemand mit vielen Verletzungen keine Freude verspürt. Im Gegenteil: Manchmal kann diese auch kleine Schädigungen heilen. Und Menschen mit tiefen Narben sind oft bewusster im Umgang mit ihren Verletzungen und mit ihren positiven Anteilen.

Die Seele bildet eine Einheit mit dem Geist, also dem Verstand, dem bewussten Denken und dem Körper, ist aber mehr als das. Sie verbindet uns über Zeit und Raum. Über die Identifikation und den Austausch mit der Wirklichkeit schafft sie eine eigene Realität. Gemäss Wikipedia ist die Seele weitgehend gleichbedeutend mit «Psyche» – dies ist zugleich das griechische Wort für Seele. Dabei hat ein Mensch nicht mehr oder weniger Seele als ein anderer. Bei jedem von uns ist sie jedoch von anderer Prägung. Sensitiv arbeitende Menschen interagieren mit den verschiedenen Seelenaspekten, den Prägungen des Gegenübers.

System, Seele, Seelenmuster, unser Glaubenssystem (nach dem wir funktionieren) – sind Synonyme und meinen ein und dasselbe: das, was ein Mensch denkt, fühlt und wie er handelt. Das Fruchtfleisch der Kirsche umfasst Prägungen, Erlebtes und Erfahrenes. All das, was uns als Person ausmacht. Unser Wesen, das sich im Verhalten und in unserem Charakter zeigt.

Das bezieht sich nicht auf die reine Essenz, den Kern, den göttlichen Ursprung in uns. Sondern auf all das, was uns zum Handeln antreibt: Trauer, Wut, Liebe, Selbstüberschätzung, Freude, Frust, Selbstlosigkeit, Gutmütigkeit – wir agieren immer aus ureigenen Trieben. Das ist bei jedem Menschen unterschiedlich, denn unsere Seelenmuster haben sich aus verschiedensten Erlebnissen und Erfahrungen geformt. Diese fügen sich wie einzelne Teilaspekte zusammen. Wenn wir still werden und uns mit uns selbst beschäftigen, werden wir bald merken: Manche Aspekte sind lauter, andere leiser – je nach dem, was wir erlebt haben. Eine persönliche Weiterentwicklung erfolgt über diese Anteile. Wer seine Muster erkennt und sich ihrer bewusst wird, kann diese bearbeiten respektive sich entsprechend verändern. Das setzt eine intensive Auseinandersetzung mit sich selbst voraus. Es gibt immer einen Zusammenhang:

- Ich habe dieses oder jenes erlebt. Deshalb reagiere ich so.
- Ich kann mein Verhalten nun verändern,
  weil ich den Zusammenhang erkannt habe.

Eine Seele und die Muster nach denen wir leben – also das Fruchtfleisch der Kirsche – können sehr vielfältig sein. «Ständig muss ich für alles kämpfen», «Nur Erfolg zählt», «Das verstehe ich ja sowieso nicht» – eine oder mehrere solcher Aussagen, solcher Teilaspekte, haben wir bestimmt schon gedacht oder sogar gesagt. Zu typischen Mustern, die wir dort finden, gehören beispielsweise: «Ich lasse keine Emotionen zu» oder «Ich bin immer lieb».

Aber wir sind nicht nur, was wir denken. Aus Gewohnheit machen wir uns Gedanken darüber, wie wir nach aussen auftreten, welche Charaktereigenschaften wir zeigen wollen oder auch, was von uns erwartet wird. Qualitäten, die wir in der Stille in uns spüren, liegen weit weg vom Denken. An sie gelangen wir in einem Zustand des Seins. Das hängt nicht von grossen Tagesaktivitäten ab oder von der besten Arbeit, die ich meiner Chefin präsentiere. Es ist ein Gefühl, das wir in uns tragen. Dieses Gefühl meint den Zustand des Seins. Dieses Sein wiederum entsteht über den Kontakt mit unserer Essenz. Dort liegt der Schlüssel des Glücks, der Liebe, der eigentlichen Bestimmung.

Über unseren Charakter leben wir unsere Erfahrungen. Das kennst du auch: In manchen Situationen reagierst du völlig ruhig. Aber manchmal kann ein noch so kleiner Anlass dazu führen, dass du an die Decke gehst. Das sind unbewusste Signale der Seele. Sie hat bereits eine ähnliche Erfahrung gemacht und reagiert nun darauf. Wie ist es zum Beispiel, wenn du Kinder auf der Strasse streiten siehst? Interessierst du dich dafür oder gehst du einfach weiter? Möchtest du die Streithähne auseinanderbringen, aber lässt es doch sein? Gehst du auf die Kinder zu, versuchst du den Streit zu schlichten oder schreist du sie sogar an, weil du es einfach nicht erträgst?

Der Charakter formt sich über die Lebenserfahrung und ist direkt beeinflussbar. Wenn du ein temperamentvolles Gemüt hast, wirst du nie zu einer Schlaftablette. Aber wir können erkennen, wann dieses Temperament ausser Kontrolle gerät und es, wenn nötig, zügeln. Du musst kein anderer Mensch werden und dich um 180 Grad drehen. Aber dort, wo du in Konflikte mit dir und anderen gerätst, ist es sehr sinnvoll, diese Muster anzuschauen. Ein Beispiel aus meiner Coaching-Arbeit veranschaulicht dies: Ein Klient konnte sich im Strassenverkehr kaum beherrschen, wenn die Verkehrsteilnehmer vor ihm nicht sofort losfuhren, sobald es grün wurde. Seine Reaktion störte ihn zwar, aber er konnte nicht anders. Im Coaching suchten wir nach der Erfahrung, die zu diesem Verhalten geführt hat. Irgendwo musste ein Trigger sein. Es stellte sich heraus, dass er als Kind stets angetrieben wurde, vorwärtszumachen: «Beeil dich», «Wer zu spät kommt, den bestraft das Leben». Indem er dies erkannte, konnte er im Strassenverkehr ruhiger bleiben und gelassener werden.

Bei sensitiver Arbeit beschäftigen wir uns mit den Seelenmustern oder dem inneren System. Die Beschäftigung damit läuft im Alltag manchmal unbewusst ab. Zum Beispiel wenn wir uns nach einem Streitgespräch schlecht fühlen, weil wir spüren, dass wir nachgegeben haben, aber irgendwie nicht dazu stehen können. War es beispielsweise während unserer Schulzeit wichtig zu wissen, wer in der Klasse das Sagen hatte, damit wir auf dem Schulhof nicht unter die Räder kamen? Oder wollen wir immer alles unter Kontrolle haben, da wir sonst glauben, den Boden unter den Füssen zu verlieren? Liegt darunter vielleicht die Aussage der Verwandtschaft, dass sie keine gesicherte Zukunft für uns sehen, weil wir Tagträumer oder so verspielt sind, dass wir nie im Berufsleben bestehen können?

Je mehr wir unseren Charakter und unsere Seele kennen, umso mehr werden wir unserem eigentlichen Kern näherkommen. Wer sich jetzt universale Erkenntnisse aneignet, bereitet sich auf eine neue Dimension vor.

Kopf, Bauch, Ego – was uns antreibt

Im Alltag nimmt das Seelenmuster, das unser Fühlen und Handeln beeinflusst, viel Raum ein. Es wird unterstützt von unserem **Ego**, das unser Ich darstellt. Unser Ego ist abhängig davon, was wir von uns denken. Die beste Mutter sein, der beliebteste und erfolgreichste Chef sein, ein Vorzeigeschüler sein – dafür wenden wir viel Energie auf. Wir pflegen unser Image, polieren den Glanz auf, damit es gut aussieht. Die Aufmerksamkeit dieses Knäuels von Eigenschaften ist nach aussen gerichtet.

Der **Verstand** wiederum sorgt für Ordnung, Struktur, er plant unsere Handlungen, er mag Pläne und Listen, hat ein Faible für Kompliziertes und arbeitet ununterbrochen: Ohne Pause plappern und schwirren Gedanken in unserem Kopf; unser Verstand kann ein Treiber sein. Für all das, was wir noch erledigen, erreichen, erfüllen möchten.

Ungeachtet dessen, ob wir als Kopfmensch rational denken und handeln oder uns als Bauchmensch von den Gefühlen leiten lassen – stets spielt der Verstand mit.

Kopfmenschen treffen Entscheidungen rational. Sie wägen Pro und Kontra ab, sind gute analytische Denker, geraten nicht so schnell aus der Fassung und verfügen häufig über hervorragende rhetorische Fähigkeiten.

Bauchmenschen beschliessen spontan, aus der Intuition heraus, tun sich schwer bei Entscheidungsfindungen, sind mitfühlend, oft auch motivierend, interessieren sich für menschliche Schicksale, zeigen Gefühle und sind eher nah am Wasser gebaut.

Kopfmenschen reden anders als Bauchmenschen. «Ich gehe heute ins Fitnessstudio, weil es mir guttut», sagt der Kopfmensch, während der Bauchmensch typischerweise eher sinniert: «Ich spüre, ich muss etwas für mich tun. Ich glaube, eine Yogastunde wäre gut!»

Diese Unterscheidungen sind wichtig, um uns in unserem System zurechtzufinden. Ratio, Verhinderer, Antreiber, Bauch, Ego – sie alle sind Teile von unserem Seelenmuster. Je nach Lebenssituation kommt ein anderer Teilaspekt stärker zum Tragen. Ein gutes Beispiel sind Manager, die nach jahrzehntelangem Einsatz an der Wirtschaftsfront plötzlich aussteigen. Sie haben die Ratio einseitig stärker gelebt und dabei konstant den «Bauchanteil» überhört oder ignoriert. Oft kippt das System zuerst völlig, sobald ein anderer Teil, in diesem Fall der Gefühls- oder Bauchanteil, neu die Führung übernimmt. Für eine Weile gibt nur noch der Bauch den Takt an. In solchen Phasen entscheiden wir frei nach Lust und Laune und drängen alles Rationale in den Hintergrund. Erst mit der Zeit stellt sich ein Ausgleich ein.

Darum geht es: Alles in eine Balance zu bringen. Was uns bei solchen Prozessen hilft, sind Menschen, die uns zugestehen, dass Veränderung möglich ist. Auch du solltest dir Veränderungen erlauben, denn die Lösung für dich trägst du in dir. Mitunter ist sie allerdings gut bewacht von einem Aufpasser – einem Teil, der stärker ist als die anderen Anteile –, der verhindern will, dass wir emotional in Bedrängnis kommen und Veränderungen im eigenen System angehen. Schliesslich haben unsere Muster meist jahrelang gut funktioniert. Ein Aufpasser bewacht sozusagen den dahinter liegenden, verletzlichen Anteil in deinem System. Den Begriff das «innere Kind» kennen viele von uns. Es kann beispielsweise die Angst sein, verlassen zu werden.

Unser Bodyguard wird in dem Moment in Aktion treten, in dem er eine weitere Verletzung von aussen befürchtet. Vermutlich wird er mit aller Vehemenz dagegenhalten. So kann es gut sein, dass dieser Anteil verhindert, dass du dich auf ein Gespräch mit deinem Partner einlässt, das Klärung bringen könnte. Oder dass du jede Kritik ablehnst, selbst wenn sie konstruktiv wäre. Dass du Gründe findest, warum du keine Zeit für eine Auszeit hast, obwohl du kurz vor der Erschöpfung stehst und dringend ein paar Tage Abstand bräuchtest. Minderwertigkeitsgefühle, Furcht vor Zurückweisungen, Verletzungen – was auch immer dich geprägt hat. Manchmal ist es ratsam, einen Coach aufzusuchen. Es gibt Themen, bei denen es uns fast unmöglich ist, die Vogelperspektive einzunehmen und unsere Muster zu erkennen.

Veränderungen, die wir herbeiführen wollen, laufen immer auch über das Gehirn. In dieser Schaltstelle entscheidet sich, ob ich zur Tat schreite oder es lasse. Der Bauch allein handelt niemals – er gibt stattdessen einen Impuls an die Schaltzentrale. Die Aktion erfolgt über das Gehirn, das eng mit allem verflochten ist. Das geschieht nicht auf Knopfdruck. Um eine Erkenntnis zu erlangen, können verschiedenste Praktiken angewandt werden. Sensitives, mediales Arbeiten und Coaching können zwei davon sein. Andere wiederum bevorzugen Körperarbeit oder kreativen Ausdruck (durch Malen, Tanzen etc.) oder psychologische Analysen. Du kannst frei wählen, was dir zusagt. Jeder Impuls führt zu einer Veränderung des Ganzen. Aber noch einmal, ich kann es nicht genug betonen: Deiner Sensitivität liegt das Bedürfnis nach Veränderung zugrunde. Unsere Seelenmuster und die daraus entstandenen Verhaltensweisen haben sich im Laufe der Jahre grossartige Schutzmechanismen angeeignet. Als Teile von uns übertünchen diese Falschspieler, Lügner und Schauspieler, was Sache ist. Diese «Zudecker» oder «Überblender» bringen uns auf Abwege, wenn wir die Erkenntnis mit uns allein ausmachen und nicht wirklich bereit sind, alte Strategien zu erkennen und abzulegen, obwohl diese keineswegs mehr nötig sind.

Ein Klient von mir war jahrelang führender Manager in einem erfolgreichen Unternehmen. Irgendwann hatte er genug und sehnte sich nach einem ganz anderen Lebensinhalt. Heute bietet er als naturheilpraktische Unterstützung Massagen und Kinesiologie-Behandlungen an. Seine Praxis führte er zu Beginn – wie gelernt und über Jahre praktiziert – wie ein Unternehmen. Aus seiner Sicht machte er etwas anderes. Aber seine Strategien blieben die alten. Nun wunderte er sich, weshalb die Leute nicht auf seine Abos ansprangen, obwohl sie damit Geld sparen konnten. Er hatte für sein Angebot die Fähigkeit und alle Ausbildungen, die er brauchte, aber die Klienten wollten trotzdem nicht im Voraus eine Zehnerkarte lösen oder beim zweiten Besuch von ihm hören: «Sie kommen nicht weiter, wenn Sie sich nicht an meine Regeln halten.» In seiner Firma mag dies so funktioniert haben, in einer spirituellen Praxis geht das nicht. Das hat er inzwischen eingesehen und praktiziert erfolgreich. In solchen Situationen kann eine Supervision helfen, einen anderen Blickwinkel einzunehmen. Um dir eine einfache Gewohnheit, wie eine Tasse Kaffee täglich, abzugewöhnen, benötigst du keinen Coach. Aber um die Schichten zu lösen, die sich im Laufe der Jahre um die Seele gebildet haben, ohne neue Verletzungen hervorzurufen, brauchst du eine möglichst neutrale Sicht von aussen. Neben dem Coach kann das auch die Partnerin, der Partner, eine Freundin oder ein Freund sein.

Wahrscheinlich denkst du jetzt bereits, als Sensitiver müsstest du dein ganzes Leben lang Schichten ablösen. Jein. Je wacher du bist, umso schwieriger wird es, neue Muster aufzubauen. Dies ist sehr positiv für dein Leben. Zudem lässt du in der Wachsamkeit deine stilleren Teile vermehrt zu Wort kommen. Du wirst toleranter, liebenswürdiger, demütiger, dankbarer. Was du bisher kleingehalten hast, erlangt endlich Stärke. Aufmerksamkeit ist der Schlüssel dazu. In meinem Bekanntenkreis gibt es Frauen, die schon längst spüren, dass sie sich verändern dürfen. Ein paar davon nutzen die Wechseljahre als Auslöser, um gelegentlich bei völlig unscheinbaren Begebenheiten aus der Haut zu fahren. Als ob sie einen Anlass gesucht hätten, um endlich aus den Strukturen auszubrechen. Als ob die hormonelle Umstellung das Go gibt: «Jetzt darfst du zu dir stehen.» Die Menopause berechtigt nicht einfach so zu Wutausbrüchen. Aber wenn sie dir den Anlass bietet, dich um dich zu kümmern, nimm sie dankend an. Wir werden mit zunehmendem Alter immer mehr aufgefordert, unsere Seele und unseren eigentlichen Kern zu erkennen. Oft sind die Kinder erwachsen und leben ihr eigenes Leben. Wir bereiten uns auf die Pension vor. Erste «Zipperlein» oder sogar Erkrankungen treten auf. Unsere Eltern sterben. Wir befinden uns mitten im Lauf des Lebens. Menschen, die es zulassen, werden sich in diesem Lebensabschnitt über ihre eigenen Muster bewusst und kommen ihrer inneren Weisheit näher.

Deine Muster – erforsche und bejahe deine Wesenszüge

Jeder von uns trägt verschiedene Anteile in sich. Es gehört zu deiner Aufgabe als Mensch, alle Teile zu integrieren, auch jene, die dir nicht gefallen. Nehmen wir zum Beispiel Neid: Ein Kind erhält – aus seiner Sicht – weniger Anerkennung als seine Geschwister. Das kann zu Ressentiments führen, denn dieses Kind möchte genauso behandelt werden wie die anderen. Später im Leben, als Erwachsener, kann es sein, dass ein schlechtes Gefühl in dieser Person aufsteigt, weil sie meint, die Chefin habe die Kollegin netter begrüsst als sie. Diese Wahrnehmung ist absolut subjektiv und möglicherweise eingefärbt von den Erfahrungen in der Kindheit. Deshalb kann es hilfreich sein, diesen unliebsamen Wesenszug einmal näher anzuschauen. Gut möglich, dass wir uns nicht bewusst sind, dass wir neidisch sind. Wir beobachten uns, wie wir in Gruppen immer wieder positiv auffallen wollen und wie wir uns mehr Anerkennung wünschen. Vielleicht forschen wir einmal nach, weshalb wir uns so danach sehnen?

- Weshalb gehört dies zu meinem Wesenszug?
- Was hat dazu geführt?
- Kann ich mein Empfinden und mein Auftreten in der Gruppe steuern?
- Belastet mich dieses Muster?

So einfach diese Fragen klingen mögen: Es ist schwierig für uns, allein Antworten darauf zu finden. Zusammen mit einem anderen, sensitiven Menschen gelingt uns das leichter. Wichtig bei der Erforschung ist: Sollte dich ein Anteil stressen oder fühlt er sich für dich schlecht an, ist es hilfreich, diesen Wesenszug trotzdem zu bejahen. Wenn du ihn annimmst, erhältst du die Möglichkeit, ihn anzugehen, zu verstehen, zu integrieren und schliesslich zu ändern. Wenn du ihn ablehnst, benötigst du viel Energie, um diesen Charakterzug zurückzuhalten oder zu verneinen. Bei der nächsten Gelegenheit wird dieser Anteil seine Eigendynamik entwickeln.

Stell dir vor, du und deine Partnerin plant, einen gemeinsamen Abend zu verbringen. Plötzlich sagt dein Schatz zu dir, dass sie Zeit für sich braucht und lieber allein wäre. Normalerweise würde jetzt dein Gedankenkarussell losgehen: «Was habe ich falsch gemacht? Warum will sie keine Zeit mit mir verbringen? Hat sie ein Geheimnis? Ist eine andere Person im Spiel? Liebt sie mich nicht mehr?» In dem Moment wirst du dich verhalten, wie es dein Muster vorgibt. Du reagierst beispielsweise eingeschnappt und überlegst dir, wie du dich rächen kannst. Oder du benimmst dich kindisch und wirst weinerlich. Je nachdem, welcher Teil in deinem inneren System das Zepter übernimmt, wirst du dich verhalten. Bist du dir aber deines Musters bewusst, kannst du diesen Anteil begrüssen. Als ob du zu deinem alten Freund sagen würdest: «Hallo, bist du wieder da? Ich weiss, jetzt würdest du so und so handeln, aber ich übernehme jetzt die Regie. Wir machen das anders.» Sobald ich ein Muster erkenne, kann ich frei bestimmen, ob ich nach ihm handeln will oder ob ich mich anders verhalte, weil ich mir darüber bewusst bin.

Die meisten Ängste entstehen aus früheren Verletzungen oder schlechten Erfahrungen. Sie wachsen und werden mit der Zeit grösser und grösser, sofern wir uns ihrer nicht bewusst werden. Schliesslich wird uns das Leben immer wieder in gleichartige Situationen bringen. Es ist sehr befreiend, sich seine Gefühle einzugestehen. Es hilft uns, emotionalen Ballast abzuwerfen.

Unsere Wesenszüge zeigen sich in verschiedenen Kleidern. Es braucht Zeit, sie zu erkennen. Die Auseinandersetzung mit deinen inneren Anteilen ist der erste Schritt, der dich mit deiner eigenen Sensitivität in Kontakt bringt.

Um deine eigenen Muster zu erkennen, kann dir auch dein Umfeld nützlich sein. Menschen beschäftigen sich mit den gleichen Grundthemen. Es geht um Liebe, Geld, Macht, Beruf, Gesundheit usw. Stelle dir als Beispiel vor, du und dein Arbeitskollege seid beide unzufrieden mit eurem Job. Oft wird darüber diskutiert, was alles schiefläuft in der Firma und was man alles ändern müsste. Euch beschäftigt beide dasselbe Thema, nämlich die Unzufriedenheit bei der Arbeit. Aber dich treibt ein anderer Grund an als deinen Arbeitskollegen. Du solltest eigentlich einen geeigneteren Beruf ausüben. Deine Berufung liegt in der Pflege von alten Menschen und nicht im Bearbeiten von Dokumenten und Erstellen von Tabellen. Bei deinem Kollegen geht es um die Wertschätzung, die er vermisst, weil er seiner Meinung nach zu wenig verdient. In diesem Moment kommt Sensitivität ins Spiel. Erspüre, wo die eigentliche Ursache für die Unzufriedenheit liegt. Genau dort verbirgt sich der Lösungsansatz, wie in diesem Beispiel. Jeder von euch braucht eine unterschiedliche Lösung, um sich wohler zu fühlen: du eine Umschulung, dein Arbeitskollege ein Gespräch mit dem Arbeitgeber wegen einer Lohnerhöhung.

Ist deine Wahrnehmung bereits verfeinert, wirst du nicht von dir auf das Gegenüber schliessen, sondern du erspürst immer tiefer in seiner Energie, wo der Haken ist. So kommst du der eigentlichen Ursache des Problems auf die Spur. Überlege, wie seltsam es für deinen Kollegen wäre, wenn du ihm raten würdest, eine Ausbildung zum Altenpfleger zu machen, obwohl er mit dem Inhalt seiner Arbeit absolut zufrieden ist. Nur wenn du dich ins Energiefeld deines Gegenübers einfühlst, wird der wahre Grund seiner Unzufriedenheit für dich fühlbar. Wie wir bereits besprochen haben: Schliesse nicht von dir auf dein Gegenüber. Selbst wenn sich die Ausgangssituation gleich anfühlt. Erlaube dir, sensitiv neugierig zu sein. Auch dann, wenn du einen Lösungsweg erspürst, der dir völlig unbekannt ist. Vertraue auf deine Wahrnehmung.

Natürlich könntest du jetzt argumentieren, dass du dich doch mit dem Universum oder, wie ich es nenne, dem wissenden Netz verbinden könntest. Dort ist schon alles vorhanden. Die Vergangenheit, die Gegenwart und das Potenzial jedes Menschen. Aber um unserer Bestimmung wirklich gerecht zu werden, dürfen wir unsere Aufgaben hier im Jetzt erkennen, angehen und erledigen. Wenn mir vor dreissig Jahren jemand gesagt hätte, ich würde ein Buch über Sensitivität schreiben, hätte ich ihn vermutlich ausgelacht. Ich hatte ja damals all die Erfahrungen, die mich heute ausmachen, noch nicht gesammelt. Ich persönlich kenne niemanden, der sein Potenzial in einem Schritt erkennen und leben kann. Es ist ein Prozess, den wir mit unserer Sensitivität beschleunigen können, weil wir lernen, uns zu vertrauen.

Wiederkehrende Themen – bleibe achtsam

Beschäftigen wir uns noch etwas eingehender mit uns selbst. Menschen handeln aus inneren Impulsen heraus. Diese aus der eigenen Perspektive zu bewerten und zum Beispiel zu sagen *«Du müsstest so oder andersherum funktionieren»*, wirkt kontraproduktiv. Was eine Person nicht selbst kennt, muss sie sich erfahrbar machen.

Viele Themen, die uns Menschen beschäftigen, schleichen immer wieder auf ähnliche Art und Weise durch die Hintertür in unser Leben. Also dieselbe Aufgabe, nur anders gestellt. Du kennst solche Situationen bestimmt, in denen du denkst: «Oh nein, nicht schon wieder!» Wechsel einmal die Perspektive: Warum hast du beim letzten Mal so reagiert und warum kommst du nicht aus diesem Muster heraus? Was ist mit deinen Stärken und wie könntest du sie jetzt einsetzen? Was würdest du einem Freund in dieser Situation raten? Schwächen und blinde Flecken gehören zur eigenen Energie. Diese bilden sich durch prägende Erfahrungen jedes Einzelnen, die sich auf der Seele des Betroffenen manifestieren. Jene inneren Anteile haben sich gebildet, weil sie in einer bestimmten Situation überlebenswichtig waren. Das heisst, sie haben sich entwickelt, weil dein psychisches oder physisches Leben vermeintlich bedroht war. Nehmen wir an, zwei Brüder werden dazu erzogen, sich ständig zu messen. Jede gemeinsame Unternehmung wird zu einem Wettkampf. Sei es das gemeinsame Mittagessen – wer isst mehr, wer isst schneller. Oder auch das gemeinsame Spielen im Familienkreis oder wer die besseren Noten nach Hause bringt. Der, der gewinnt, wird gelobt, mit Zuneigung überschüttet und vielleicht sogar beschenkt. Jeder der Brüder wird seine eigene Strategie entwickeln, um zu siegen. Der eine wird sich doppelt anstrengen, um zur Höchstform aufzulaufen. Das kann auch durch Schummeln geschehen. Die Hauptsache ist der Sieg. Der andere wird irgendwann jedem Wettkampf aus dem Weg gehen. Auch dabei kann es sein, dass er unlautere Mittel wählt. Nun wirst du sagen: «Da ist doch nichts Schlechtes dabei, wenn wir lernen, uns zu messen.» Natürlich nicht, aber wenn diese Muster so ausgeprägt sind und du in jeder Situation einen Wettkampf austrägst oder dich jeder Konkurrenzsituation verweigerst, kann es dich irgendwann überfordern. Du solltest die Wahl haben, ob du dich messen willst oder eben nicht.

Das Entwicklungspotenzial liegt im Verstehen und Akzeptieren unserer Seelenmuster.

Befreie dich aus der Muster-Spirale

Immer wieder steht das eigene Verhalten im Zentrum des Suchens, Fragens und der Selbsterforschung. Unser System setzt sich aus vielen verschiedenen energetischen Anteilen zusammen. Die Energie, die stets zweifelt, die, die permanent kritisiert, jene, die über unser Handeln richtet, oder jene, die uns nichts zutraut. Diese entstehen durch Erfahrungen, die wir machen. Wir sind gekränkt, wenn der Partner eine Joggingtour dem gemeinsamen Spaziergang vorzieht. Wir können einer Versuchung nicht widerstehen, obwohl wir eigentlich möchten. Wir ärgern uns über schmutzige Socken. Stets leiten uns unsere unbewussten Muster an.

Wir vereinen verschiedene Anteile, die wir «Teilpersönlichkeiten» nennen können. Sie alle tragen dazu bei, dass wir sind, wie wir sind: humorvoll, gemütlich, besorgt, ängstlich, mutig, couragiert, freundlich, beleidigt, nachlässig, diszipliniert, grübelnd, arglos – das ganze Spektrum.

Bei jedem Menschen prägen einige Eigenschaften die Verhaltensmuster mehr als andere Anteile. Ein schwaches Selbstvertrauen und ein ausgeprägter innerer Kritiker hindern uns häufig, im Einklang mit uns selbst zu leben. Übersteigerte Kritik wirkt destruktiv und erschwert es uns, uns weiterzuentwickeln, denn sie blockiert uns. Sie hält uns von einer spirituellen Weiterentwicklung und dem Vertiefen unserer sensitiven Fähigkeiten ab. Ich spüre zwar, was in meinem Gegenüber vorgeht, darf aber nichts sagen. Der Kritiker in uns raunt: «Deine Einschätzungen liegen selten richtig. Schweige lieber.» Oder du willst eine Investition tätigen und schon zischt der Kritiker: «Du warst noch nie gut in Mathe. Lass es sein.» Sätze wie «Du kannst das nicht», «Du bist nicht gut genug», «... trau den anderen, dir darfst du nicht vertrauen» hat er echt gut drauf, unser innerer Kritiker. Diese hören wir zwar selten laut ausgesprochen, sind aber eindringlich. Je früher wir sie verinnerlichen, desto hartnäckiger halten sich diese Prägungen. Es ist wie bei einer Spirale, die sich immer weiter öffnet: Je kritischer du mit dir bist, umso deutlicher wird das im Aussen gespiegelt und desto mehr Raum nimmt dies wiederum in uns ein. Dies ist nur ein Beispiel, wie unsere Muster funktionieren. Wenn wir nicht anfangen entgegenzusteuern, werden wir in diesem System gefangen bleiben. Hier meine persönliche Lieblingsübung dazu:

ÜBUNG

So baue ich mein Selbstvertrauen auf

Nimm dir einen Augenblick Zeit für dich.

Setze dich an einen Ort, an dem du dich wohlfühlst.

Überlege dir, welche guten Eigenschaften deine Freunde, Familienangehörigen, Vertrauten oder Arbeitskolleginnen und -kollegen an dir schätzen. Das könnte wie folgt lauten: Du bist sehr loyal, positiv und du hast Humor. Du magst es, spontan zu sein. Du bist eine gute Köchin. Du bist eine echte Freundin, ein wahrer Freund zum Pferdestehlen.

Notiere dir so viele Charakterzüge wie möglich, die auf dich zutreffen. Indem du alle deine Fähigkeiten und guten Wesenszüge in einer Liste zusammenfasst, siehst du, wie viele positive Eigenschaften dich ausmachen.

Danach bitte deinen Partner/deine Partnerin, eine gute Freundin/einen guten Freund, Wesenszüge aufzuschreiben, die auf dich zutreffen und die sie an dir schätzen. Zum Beispiel: «Du hast immer gute Laune», «Du hast immer gute Ideen» etc.

Wenn du beide Listen hast, setz dich wieder hin und vergleiche die Eigenschaften, die die Personen aufgeschrieben haben, mit deiner eigenen Liste. Freue dich über jedes Merkmal, das übereinstimmt!

Sicher gibt es auch Beschreibungen, die nicht übereinstimmen oder die dein Gegenüber nicht aufgeschrieben hat. Überlege dir bei solchen Abweichungen, ob du die Qualität zu wenig zeigst und sie weiterentwickeln solltest.

Gehe noch einen Schritt weiter und kontempliere über jene Qualitäten, die dein Gegenüber über dich notiert hat, du aber nicht. Schlummert da noch etwas in dir, das dir nicht bewusst ist? Oder ist es bereits so normal, dass es dir gar nicht mehr auffällt? Werde dir bewusst, wie sehr andere dich schätzen.

Dieses Gefühl kannst du bei Bedarf immer wieder abrufen und dich dort hineinbegeben.

Solche kleinen, positiven Einsichten sind pure Bareinlagen auf das Lebenskonto. Sie verhelfen uns zu einem inneren Gleichgewicht, das uns auch in schwierigen Zeiten unterstützt, die Balance zu halten. Wir lernen dabei zu unterscheiden, was gut für uns ist und was nicht. Wir legen unser Augenmerk auf das, was vorteilhaft läuft, und werfen jenes auf den «Kompost», von dem wir meinen, es laufe uns zuwider. Dadurch erhält das Positive eine grössere Gewichtung als das Negative, denn im Normalfall sind wir auf das fixiert, was für uns nicht gut läuft. Erfreuliche Begebenheiten unterstützen uns darin, mehr aus der Wahrnehmung heraus zu handeln. Wir wissen heute aus der Psychologie: Es braucht ungefähr zehn glückliche Begebenheiten, um eine – relativ kleine – negative Erfahrung auszugleichen. Das können auch banale Dinge sein: ein Spaziergang mit dem Hund, ein bewusst genossener Kaffee, ein freundliches «Guten Morgen» vom Nachbarn. Ein tiefschürfendes, negatives Ereignis erfordert um ein Vielfaches mehr an wunderbaren Erlebnissen. Deshalb lohnt sich jede noch so kleine «Einzahlung» auf das positive Konto.

Aktuell bewegen sich viele Ströme in eine gegenteilige Richtung: Wir zerstören, blicken weg, statt uns mit umfassenden Problemen zu konfrontieren. Wir beuten einander in Wirtschaftssystemen aus und waren als Gesellschaft überfordert, mit einer Pandemie umzugehen. Dass wir zu keinen Lösungen kommen, verbreitet ein Gefühl der Hilflosigkeit. Es scheint uns sicherer, am Gewohnten festzuhalten, anstatt neue Wege zu gehen.

Wir werden, was wir sagen

Viele unserer Verhaltensmuster werden über die Sprache gebildet, die wir nutzen. Wir hören von anderen: «Sie jammert ständig!», «Er ist ein Nörgler!», «Sie ist dauernd unzufrieden!», «Er steht immer schlecht gelaunt auf!» Solche Aussagen können dazu führen, dass ich tatsächlich mies gelaunt aufstehe, weil ich unbewusst meine, es würde von mir erwartet, oder ich fange an zu glauben, dass es stimmt, was andere von mir sagen. Wörter wie «immer», «ständig», «dauernd» usw. oder «du musst», «man sollte», prägen uns mehr, als uns lieb ist.

Anscheinend ist das Bild, das andere von uns haben, und das, was wir über unser Verhalten nach aussen tragen, nicht dasselbe wie das, was wir in uns sehen. Nicht jeder, der am Morgen stumm seinen Kaffee trinkt, ist schlecht gelaunt. Wir Menschen spiegeln und werden gespiegelt. Dabei erhalte ich jene Energien zurück, die ich aussende. Lächle ich einer Person zu, wird sie mir wahrscheinlich auch ein freundliches Lächeln schenken. Gleichzeitig werden wir den Sätzen gerecht, die wir über Jahre wiederholt hören. Meine Eltern sagten mir als Kind oft, ich sei ein «Morgenmuffel», weil ich Mühe hatte aufzustehen. Als Mädchen wollte ich einfach nicht in die Schule. Lange Zeit dachte ich von mir, ich sei wirklich morgens zu nichts zu gebrauchen. Seit mehreren Jahren weiss ich aber, wie wertvoll mir der Morgen ist. Ich nutze ihn, um mich zu sortieren und den Tag mit einer Meditation zu beginnen. Natürlich bin ich keine Quasselstrippe, wenn ich um Viertel nach fünf aufstehe, aber verärgert bin ich deswegen noch lange nicht. Ich brauche einfach meine Zeit, um in den Tag zu kommen.

Muster entstehen durch Erfahrungen oder Erlebtes. Wir beginnen früh, unser eigenes System auszuprägen. Ein Kind, das bereits im Mutterleib spürt, dass es nicht willkommen ist, weil es vielleicht nicht in die aktuellen Lebensumstände der Mutter passt, wird sehr bald nach der Geburt eine Art Angepasstheit entwickeln, mit welcher es allen zu gefallen versucht. Oder es prägt ein anderes Extrem aus und wird zum Beispiel mit häufigem Schreien auf sich aufmerksam machen. Seinen Instinkten folgend, benötigt es diese Aufmerksamkeit, um im Kindesalter zu überleben. Solche Ausprägungen können bis ins Erwachsenenalter bestehen bleiben und sich verstärken. Menschen, die sich nur über Leistung oder ihr Einkommen definieren, verfügen über eine starke, antreibende Energie. Wenn du Marathonläufer bist und pro Woche 50 Kilometer und mehr rennst, ist es möglich, dass dieser «Antreiber» seine Hände im Spiel hat. Alles kein Problem, wenn du dein Training mit Freude leistest. Schwieriger wird es, wenn du nur noch rastlos bist und dich elend fühlst, wenn du deinen Sport an diesem Tag noch nicht betrieben hast.

So kann auch ein «immer muss ich mich um die Mutter kümmern» dich in deinem Glauben bekräftigen, es hänge tatsächlich nur an dir, dich um deine Mutter zu kümmern. Oft reicht schon ein kleiner Gedanke, wie beispielsweise «immer muss ich meinem Mann die Kaffeetasse wegräumen», um ein Muster und damit unser System weiter zu nähren. Mit der Zeit wirst du wohl in der Tat die Kaffeetasse beständig wegräumen, da dein Mann sich daran gewöhnt hat, dass du das machst. Gleichzeitig lenkst du deinen Fokus darauf, ob die dreckige Tasse nun dort steht, als ob du darauf hoffen würdest, denn deine Muster möchten ja weiter Bestand haben. Es ist stets leichter, die Aufmerksamkeit auf etwas zu richten, das nicht stimmig ist. Wörter wie «müssen» und «immer» entstammen unserem System, das uns kontrollieren möchte. Diese Kontrolle kann eine unglaubliche Kraft entwickeln und geradezu überhandnehmen: Wir «müssen» fortan und das «immer». Das kostet uns viel Freiheit. Etwa wenn ich die dreckigen Socken täglich waschen *muss*, wenn ich *immer* pünktlich zu Hause sein *muss*, wenn ich *immer* nach der Arbeit zum Training *muss*, bleibt mir wenig Freiheit, gewisse Augenblicke im Leben spontan zu gestalten. Es kompliziert zum Beispiel jedes spontane Treffen mit einer Freundin oder einem Freund. Über eine gewisse Zeit nehmen wir diesen Verzicht gar nicht wahr, weil die Kontrolle auch Struktur gibt, die sich gut und sicher anfühlt. Aber irgendwo in der Seele keimt ein Verlangen nach Freiheit – und sei es nur das Feierabendbier mit dem Arbeitskollegen, das ich ja nie trinken kann, weil ich zum Training muss. Dieses Verlangen kann sich zu einem Druck verstärken. Dieser wiederum lässt mich meiner Unfreiheit bewusst werden.

Du kannst dich damit auseinandersetzen und diese Muster durchbrechen, sobald du sie erkannt hast. Manchen von uns gelingt das in der stillen Auseinandersetzung mit sich selbst. Andere tauschen sich lieber mit einer Vertrauensperson aus. Schaust du diese Muster und das darunterliegende System an und begreifst du sie? Wenn du sie verstehst, hast du die Wahl, ob du sie verinnerlichen willst oder nicht. Wenn du sie integriert hast, kannst du bestimmen, ob du das Muster jetzt leben willst oder ob du bewusst anders handelst. Nehmen wir an, du bist wortkarg, weil man dich als Kind nie ausreden liess. Über die Erkenntnis, dass du eigentlich sehr gesprächig wärst, kannst du in einer Situation entscheiden: Bleibe ich jetzt still und wortkarg? Oder beteilige ich mich lebhaft an der Diskussion?

Die stärksten Energien in unserem System, also jene, die wir schon ganz früh gebildet haben und die wir ständig weiter nähren, sind die Muster, die wir aber und abermals leben und die uns oft schwierig und fast unüberwindbar erscheinen. Bei allem, was uns blockiert oder zum Handeln antreibt, dürfen wir genauer hinschauen. Im vorhin genannten Beispiel zum Feierabendbier haben wir die Wahl zwischen zwei Möglichkeiten:

- Ja, das Training nach der Arbeit ist für mich wichtig.
- Ja, die spontane After-Work-Freiheit mit einem Kollegen ist mir wichtig.

Du darfst dir dieser Wahl bewusst sein. Im Idealfall wählst du selbst und lässt dich nicht beeinflussen. Dadurch wirst du freier. Zugleich wird jener Teil im System stiller, der uns kontrolliert. Diese Anteile lassen sich nicht eliminieren. Aber wir können sie integrieren. Sobald wir wieder sehen, dass sie nur ein Stück vom ganzen Puzzle unseres Systems sind, haben wir die Möglichkeit zu wählen.

«Du *musst*» und «du tust *immer*» rutschen uns häufig und leider meist unbedacht heraus. Beobachte deine Wortwahl und werde besonders achtsam, wenn sich ein «immer» in deinen Satz einschleicht. Entschärfe es, indem du zum Beispiel ein Angebot im Stil «Es wäre schön, wenn …» unterbreitest. Sei dir bewusst: Diese Sätze haben einen grossen Einfluss auf dein Leben. Sie führen dazu, dass du oder andere Personen Muster entwickeln, die diese Formulierungen befolgen.

Zu den wichtigen Themen im eigenen System gehört der «innere Kritiker». Er verbietet mir beispielsweise, meine Meinung zu sagen, weil er die Ansicht eines anderen als wertvoller erachtet als meine eigene. Auch ein solches Denken formt sich in frühen Jahren. Es bewahrt uns davor, egozentrisch oder überheblich zu sein, was durchaus Sinn macht. Doch wer sich selbst ständig kritisiert, sucht Bestätigung in der Aussenwelt. Und trotz dem wir eine positive Rückmeldung von unserem Umfeld erhalten, werden wir wahrscheinlich weitersuchen, wo wir uns noch zusätzlich verbessern könnten. Die übertriebene Selbstoptimierung, die im Moment «en vogue» ist, zeigt uns dies jeden Tag. Auf solchen Trugschlüssen basiert unser Zusammenleben. Unsere Gesellschaft ist auf Erfolg, Anerkennung und Reichtum ausgerichtet und wir entwickeln Verhaltensmuster, die dieser Ausrichtung entsprechen. Wir geben die Selbstverantwortung aus der Hand und werden von der Beurteilung und der Bewertung anderer abhängig. Das Zepter aus der Hand zu legen, ist jedoch nicht nur unkomfortabel. Wir entwickeln dabei auch eine Erwartungshaltung, der andere möge sich so verhalten, wie wir uns dies ersehnen.

Zum Erkennen deines Systems oder deines Seelenmusters existiert kein Leitfaden im Sinne von «wenn A, dann B oder wenn C, dann sicher nicht A». Muster können sehr komplex miteinander verwoben sein. Wenn du dich mit deinen inneren Anteilen, deinem Muster, deinem Selbstbild auseinandersetzt, öffnest du dich deiner sensitiven Entwicklung und damit den Gestaltungsmöglichkeiten in deinem Leben.

Wir bringen erstaunlich viel Energie auf, um unglücklich zu sein, uns klein zu machen, uns mit anderen zu messen oder um uns zu verstellen. Besser gesagt: Wir können uns wunderbar vom Fluss des Lebens abschneiden. Dabei tauchen wir immer tiefer in Muster ab. Wir erlauben uns nicht, glücklich zu sein. Gehe doch einmal mit deinen glücklichen und positiven Energien in deinem System in Verbindung. Diese Anteile werden dir Kraft geben. Diese Energie ist dein Potenzial. Du wirst merken, dass dein Leben runder läuft, je öfter und bewusster du diesen energetischen Anteil spürst. Ich möchte betonen, dass unsere Weiterentwicklung nicht ausschliesslich durch Unglück, Verletzung und Krisen weitergeht. Wir könnten viel aus positiven Erfahrungen lernen. Nur leider ist uns dieser Zugang oft nicht bewusst. Trotzdem gehören Schmerz und Krisenzeiten zu unserem Leben. Je älter wir werden, umso mehr werden wir mit schwierigen Themen konfrontiert: Auseinanderbrechende Freundschaften, Scheidungen, Krankheiten oder Todesfälle im nahen Umfeld fordern uns. Häufig wachsen wir in solchen Lebenssituationen über uns hinaus, weil wir uns bewusst werden, dass die Lösung im Erkennen unseres Seins, der symbolischen Kirsche, liegt. Deinen Platz einzunehmen, die Verantwortung für dein Leben zu übernehmen und dir einzugestehen, wie sensitiv du bist, würde bedeuten, dass du mit den eigenen Ressourcen arbeitest und deine wahre Grösse zeigst. In meinen Anfängen hatte ich oft Zweifel, ob es richtig ist, wenn ich mich von anderen unterscheide. Heute sage ich oft zu Leuten, die bei mir Rat suchen: «Du bist halt die gestreifte Kuh unter all den gefleckten. Bitte sei stolz darauf.»

Hör dir zu, wie du sprichst

Ist dir bewusst, dass du aufgrund deiner Wortwahl hören kannst, woher aus deinem inneren System diese Aussage kommt? Wahrscheinlich nicht. Achte einmal genau darauf, was du sagst und wie du dich ausdrückst. Du wirst merken, wie unterschiedlich du formulierst.

Wir sagen Dinge, ohne dass wir wissen, warum wir sie so formulieren. Ich sage zum Beispiel oft: «Ich habe das Gefühl, dass …». Diese Formulierung taucht bei mir immer dann auf, wenn ich wirklich aus dem Bauch heraus etwas sage. Beginne ich den Satz mit «Ich denke …», entstammt die Aussage klar aus dem Verstand oder meinem Gehirn. Wir ändern intuitiv unsere Wortwahl, je nachdem, ob wir fühlend oder denkend sprechen.

Anders verhält es sich mit der Aussage «Ich glaube …». Sie deutet nicht klar darauf hin, ob die Gedanken tatsächlich meine Werte verkörpern. Das wäre wunderbar, weil die Aussage meinem Wertesystem entspringen würde. «Ich glaube» kann auch aus den uns vermittelten Glaubensstrukturen kommen, die wir zwar übernommen haben, welche aber nicht immer aus unserer wirklichen Überzeugung resultieren. Sie können zu Glaubenssätzen werden. Aussagen wie «Ich weiss …» können entweder aus dem Erlernten, aus dem Verstand aber auch aus dem Hellwissen entstehen. Hier sind wir, je nach Situation angehalten, genau zu prüfen woher die Information kommt. Einleitungen wie «Ich bin überzeugt …», «Ich nehme an …» oder «Ich erwarte …» sind Paradeaussagen des Verstands. Die jeweiligen Aussagen lassen dich sofort erkennen, welcher Teil aus deinem inneren System spricht.

Hör dir deshalb genau zu. Das hilft dir, dein System immer besser zu erkennen, und es wird dir klarer, welcher Anteil in dir so formuliert. Du wirst sehen: Deine Sprache kann oder wird sich verändern, je bewusster du mit deiner Sensitivität umgehst. Was du bei dir beobachtest, trifft auch auf die Menschen in deinem Umfeld zu. Als Sensitiver wirst du womöglich kurz innehalten, bevor du einen Satz mit «Ich denke …» beginnst. Gehe zuerst zurück in dein Gefühl, um deine Aussage zu überprüfen. Natürlich solltest du dich während eines normalen Gesprächs nicht nur auf deine Redeweise konzentrieren. Aber wenn du achtsamer dafür wirst, ermöglicht es dir weitere Erkenntnis.

Ich übe Toleranz mit mir

Als sensitiver Mensch wirst du oft aufgefordert, zwischen deinem inneren Wissen und deinem System, welches du im Aussen durch dein Verhalten zeigst, zu wählen. Kennst du deine Muster gut und hast du diese integriert, fällt es dir leichter, die Wahl für dein wahres Wesen zu treffen. Ein Beispiel: Eine Tochter besucht ihre Mutter seit Jahren jeden Freitag. Sie verbringen den Tag miteinander, gehen morgens gemeinsam Kaffee trinken, danach einkaufen und machen nachmittags einen Ausflug. Die Tochter begleitet ihre Mama abends nach Hause, bevor sie heimfährt. Eines Tages geht ein lang gehegter Wunsch der Tochter in Erfüllung: Sie kann an einem Töpferkurs teilnehmen. Dieser findet jeweils an einem Freitagnachmittag statt und anschliessend will sie sich nicht mehr um ihre Mama kümmern. Sie müsste das über Jahre gepflegte Ritual deshalb aufbrechen und ihrer Mutter dies mitteilen, womit sie sich natürlich schwer tut. Sie hat bislang immer alles gemacht, was ihre Mama von ihr erwartet hatte. Der Mutter wird es ebenfalls schwerfallen, sich damit zu arrangieren, da sie es bislang anders gewohnt war. In beiden Systemen, jenem der Mutter und jenem der Tochter, kommt es zu Veränderungen. Überwindet sich die Tochter nicht, zu ihren Wünschen zu stehen und sich für den Töpferkurs zu entscheiden, ärgert sie sich innerlich deswegen. Das kann so weit gehen, dass sie ihre Mutter dies spüren lässt. Oder sie traut sich, ihrer Mutter ihre Programmänderung mitzuteilen, wird aber mit ihren Vorwürfen konfrontiert: «Du kamst doch bislang immer. Jetzt hast du keine Zeit mehr für mich. So sehen wir uns nicht mehr.» In solchen Situationen dürfen wir uns entscheiden. Wenn ich die Wahlfreiheit habe, kann ich damit umgehen, wenn mein Inneres es nicht allen recht macht. Im besten Fall überlegt sich die enttäuschte Mutter, warum es ihr schwerfällt, ihre Tochter bei ihrem Wunsch zu unterstützen.

Sollte sich die Tochter gegen ihr inneres Wissen, dass sie den Kurs machen möchte, entscheiden und blindlings ihrem Muster folgen, wird sie unglücklich über diese Entscheidung sein. Bewusste Wahlfreiheiten zu erkennen, kann uns im wahrsten Sinn des Wortes freier machen. Wir sind nicht mehr das Opfer unserer Muster, sondern können zwischen den beiden Stimmen unterscheiden, von denen die eine sagt «schau doch mal wieder zu dir», und die andere erwidert «sei nicht so ein Egoist, du bist bestimmt dazu, für andere da zu sein».

Jeder Mensch entscheidet sich anders. Du würdest vielleicht auf die erste Stimme hören, deine Freundin auf die zweite. Wichtig ist, dass du entscheidest und dich nicht etwa von den Umständen treiben lässt – sozusagen von den inneren Anteilen getrieben wirst. Wenn du dich von heute auf morgen entschliesst, deine Dienste für dieses oder jenes nicht mehr anzubieten, da du weder Zeit noch Lust dazu hast, wird dein inneres Muster, meist ist es ein «Antreiber», zunächst vermutlich rebellieren: «Das hast du doch immer gemacht. Das zeichnet dich aus. Ist doch egal, wenn du deine Arbeiten erst spät abends erledigst, weil du tagsüber für andere unterwegs warst …» Unser System kennt viele Tricks, uns klein zu machen, nur um seine jahrelang gepflegten Machenschaften weiter zu betreiben. Wir sind es gewohnt, es zu beachten und ihm Folge zu leisten. Gewiss ist helfen, wie im Tochter-Mutter-Beispiel, eine wichtige Tugend.

Wo kämen wir hin, wenn niemand mehr den anderen unterstützen würde? Aber prüfe deine Absicht dahinter: Ist es wirklich dein Wunsch, jetzt dem anderen zu helfen, weil du Zeit und Lust hast und es dich freut, wenn du ein Lob bekommst? Oder wird damit ein Anteil in deinem Seelenmuster befriedigt, zu dem du einen schlechten Zugang hast? Genau dann, wenn du spürst, dass du jemanden enttäuschst oder ungehalten machst, wenn dein Inneres «Nein» sagt und du es deinem Gegenüber nicht recht machen kannst, solltest du tolerant mit dir sein. Genau diese Toleranz mit uns selbst ermöglicht es uns, den anderen Menschen mit Akzeptanz zu begegnen.

Um toleranter zu sein, helfen dir das Wissen und die Hoffnung, dass sich irgendwann etwas verändern wird. Manchmal ist auch Geduld gefragt, um schwierigen Situationen mit einer gewissen Distanz entgegenzutreten. Eine enge Freundin und ich hatten zeitgleich kleine Kinder. Wir tauschten uns täglich aus. Oft kam es dabei zu Diskussionen, weil ich die Welt anders sah. Eines Tages brach sie den Kontakt ab. Ihr Mann hatte ihr gesagt, ich wäre kein passender Umgang für sie. Erst zehn Jahre später rief sie mich an, um sich bei mir zu entschuldigen. Sie bekannte, dass sie damals dem Druck ihres Mannes nachgegeben hatte, statt ihren wahren Gefühlen zu folgen. Dieses Beispiel illustriert, wie sich irgendwann alles wieder regelt, ohne dass wir eingreifen müssen.

Ein geschultes energetisches Bewusstsein wird es uns ermöglichen, gewisse Dinge besser zu verstehen. Als sensitiver Mensch wird dir das den Alltag etwas vereinfachen. Leider fokussieren wir uns noch immer zu sehr auf ein Idealbild. Warum faszinieren uns Fotos von der letzten Party, dem Sonnenuntergang oder vom perfekten Familienausflug? Warum twittern immer noch so wenige, dass sie heute ein Lächeln von einer völlig unbekannten Person geschenkt bekommen haben? Oder dass es eine gute Lösung für ein Projekt im Büro gab? Warum haben wir lieber Hunderte «Freunde» auf Facebook, anstatt uns um einen gemeinsamen Abend mit unserer Familie zu kümmern? Es geht nicht darum, in die alten Zeiten ohne die Errungenschaften der heutigen Technik zurückzukehren und in die Alphütte oder Jurte einzuziehen. Aber ein bewusster Umgang damit wäre angebracht. Wir sind soziale Wesen und können dies nicht allein über soziale Medien ausgleichen. Wir brauchen ein Gegenüber, Diskussionen, Kontakt, physische Präsenz und körperliche Berührung. Technik und Wissenschaft sind ein elementarer Teil des aktuellen Prozesses. Unser Umgang mit diesen Kanälen ist entscheidend. Wir können die moderne Technologie nutzen, um unsere Verbundenheit untereinander auszudrücken. Ein inspirierender Austausch, der zeigt, wie wir für die Allgemeinheit da sind, würde uns, meiner Meinung nach, weiterbringen.

Welche Bilder und Eindrücke uns Medien und Kanäle vermitteln können, spielen in der Sensitivität noch in einem anderen Sinn eine Rolle. Ein Paradebeispiel hierfür ist das Jenseits, mit dem wir uns im nächsten Kapitel beschäftigen.

Die Sache mit dem Jenseits

Wie ich schon in einem der ersten Kapitel (Seite 22) erwähnt habe, gehört Medialität zur Sensitivität. Sensitivität ist die Basis für Medialität. Manchmal hört man Menschen sagen: «Das Universum wird es schon richten.» Oder du denkst dir: «Ich warte mal ab, es wird mir schon zufallen.»

Wir sind in unserer Gesellschaft von Religionen geprägt, die von einem richtenden Gott, von einem Paradies oder von einer Hierarchie ausgehen. Als gäbe es etwas, das unseren Weg vorbestimmt und lenkt. Selbst wenn viele von uns dies heute infrage stellen, sind diese Prägungen über Jahrtausende fest in uns verankert.

Blenden wir zurück zu meinen Anfängen: Es wurde mir erzählt, dass es eine geistige Welt gäbe, eine Welt innerhalb unserer Welt.

Wir Menschen wären abgekoppelt davon und nur ganz wenigen wäre es vorbehalten, mit der geistigen Welt in Verbindung zu treten. Mir wurde vermittelt, dass diese – ähnlich der irdischen Welt – in Strukturen und Hierarchien gebaut wäre, sodass es auch Aufstiegsmöglichkeiten gäbe. Oder besser gesagt: Du würdest emporsteigen, wenn du Abbitte leisten würdest. Je mehr Sühne, umso höher. Für mich war es unvorstellbar, dass in der sogenannten geistigen Welt jemand sagen würde: «Wer genug Busse geleistet hat, wird in der Hierarchie aufsteigen.» Ebenso wie der Gedanke, dass ein Ehepaar, das sich zu Lebzeiten immer gestritten hat, nun wieder aufeinandertreffen sollte. Dass Kinder, die Schreckliches in ihren Familien erlebt haben, aufs Neue mit diesen Menschen zusammentreffen würden, war für mich unbegreiflich. Meine Forschung zum Thema Jenseits und das langjährige Training mit Kontakten zu Verstorbenen brachten mich allerdings weit weg von diesem ursprünglichen Konstrukt. Wir sind umgeben von einem energetischen Netz. Dieses Energiefeld kennen viele von uns auch unter den Namen das Universum, das Allwissen, das Göttliche oder eben das Jenseits. Ich nenne es das «wissende Netz».

Von Beginn meiner Ausbildung und Tätigkeit als Medium an habe ich jeden Morgen eine halbe Stunde meditiert, um meine Energie aufzubauen. Das rate ich auch den Menschen, die bei mir ein Seminar besuchen. Die Meditationspraxis nennt sich *Sitting in the Power* und ich möchte sie im Folgenden mit dir teilen. Durch das stille Sitzen erreichen wir eine tiefe Entspannung in einem erhöhten Energiefeld. Wir ruhen tief in unserer Mitte und lernen dabei, uns eingehender zu fühlen.

In diesem täglichen Training lernen wir unsere eigene Energie kennen, um mit der umfassenden, uns umgebenden Energie in Verbindung zu gehen, von der wir Teil sind. Ich habe dabei Erfahrungen gemacht, die mir eine neue Dimension eröffnet haben. Die Verbundenheit mit dem Allumfassenden kann in uns eine Ahnung für die Grösse des Universums öffnen. Ich fühlte mich verbunden, angekommen. Das hat mich getröstet und gestärkt. Schon als Kind trug ich diese Erinnerung an einen Ort in mir, der sich sicher anfühlte. Als wäre ich zu Hause, geliebt und geborgen. Sensitive tragen dieses Gefühl in sich. Es kann sich im Alltag als Melancholie oder Trauer bemerkbar machen. Ohne einen bestimmten Grund kann dieses Gefühl auftauchen, besonders, wenn wir noch nicht so viel über unsere Wahrnehmung wissen. Darin liegt aber auch ein wunderbares Glücksgefühl, sofern wir in Verbindung mit dem Allumfassenden stehen.

Versuche es selbst:

MEDITATION

Sitting in the Power

Setze dich auf einen Stuhl. Schliesse deine Augen.

Atme ein paarmal tief ein und aus.

Folge dem Atem beim Einatmen. Nimm wahr, wie der Atem den Körper mit frischer Energie füllt. Beim Ausatmen kannst du loslassen, was dir gerade durch den Kopf geht.

Lass den Atem in seinem eigenen Rhythmus laufen.

Richte deinen Fokus auf deine Körpermitte. Stelle dir vor, dort wäre ein Licht. Mit jedem Atemzug wird das Licht grösser, bis es so gross ist, dass dein Körper vollständig mit deinem Licht erfüllt ist. Dieses Licht steht symbolisch für deine eigene Energie.

Geniesse dieses Licht, du hast jetzt deine Power aufgebaut.

Lass dieses Licht danach über deinen Körper hinausströmen. Stelle dir dabei vor, wie du den gesamten Raum mit diesem Licht füllst. Jetzt stehst du in Verbindung mit allem, was dich in dem Raum umgibt. Halte inne und spüre, wie sich das anfühlt.

Dehne nun dein Licht über den Raum hinaus aus. Du wirst dabei ein anderes grosses Licht wahrnehmen, welches wir als

Universum, göttliche Kraft oder geistige Welt bezeichnen. Je weiter du dein Licht ausdehnst, desto mehr kommst du in Berührung mit diesem grossen Licht, bis beide Lichter verschmelzen. Spüre auch hier, wie es sich anfühlt, mit diesem Allumfassenden verbunden zu sein.

Wenn es für dich okay ist, ziehe dein Licht langsam und in deinem Tempo mithilfe des Atems zurück in deinen Körper.

Bewege langsam deine Hände und Füsse, den Nacken und die Schultern und öffne danach die Augen.

Tipp

Nimm im Alltag dein Licht immer zurück zu dir, wie es beim «Sitting in the Power» beschrieben ist. Bewahre diese Energie in deinem Körper. Erlaube dir tagsüber, wenn du in Kontakt mit Menschen bist, zu kontrollieren, ob du deine Energie in deinem Körper oder ausgebreitet im ganzen Raum hast. Keine Sorge! Du nimmst genauso viel wahr, wenn du deine Energie in deinem Körper hältst, wie wenn du deine Energie ausgebreitet hast. Nur bist du nicht aktiv beteiligt und kannst entscheiden, wie viel Energie du in die Situation gibst. Im ausgebreiteten Stadium nimmst du Energie wahr, die dir in gewissen Momenten hinderlich ist. Du empfängst Informationen deines Gegenübers oder vom Universum, die dich verwirren, die Angst oder ein ungutes Gefühl auslösen können und die dich – im unvorbereitet ausgefahrenen Zustand – Energie kosten.

Deine Energie in deinem Körper ist ein wahres Kraftpaket. Wenn du geübt bist, deine Energie im Körper zu halten, schützt dich dieses vor Wahrnehmungen aus der Umgebung, zumal wir Menschen dazu neigen, Aufgeschnapptes auf uns zu beziehen, obwohl es nichts mit uns zu tun hat.

Wissendes Netz

Spüre deinen Energiekörper

«Wissendes Netz», «energetisches Netz» oder «wissendes Feld» sind Bezeichnungen für eine Form von Energie, die alles, was im Universum vorhanden ist, speichert und jederzeit überall verfügbar macht. Das wissende Netz umgibt uns alle. Wir sind daraus entsprungen und werden auch wieder dorthin zurückkehren. Dieses schwingende Gewebe besitzt, wie unser Gehirn, viele Gabelungen und Verästelungen, die sich ständig neu treffen. Aus den einzelnen Verbindungspunkten wachsen erneut Impulse, also weitere Gabelungen und Verästelungen. Sie teilen und vervielfachen das Wissen. Alles ist mit allem über dieses energetische Netz verbunden und jede Energie wird darin gespeichert.

Das wissende Netz kann aus eigener Kraft wachsen und sich verdichten, wie uns dies die Natur vormacht: Aus einem Samen spriesst eine Blume, deren Saatgut wiederum neue Blumen gedeihen lässt. Das energetische Netz spiegelt unsere Biologie, wie wir sie kennen: Es ist zur Zellteilung und Zellerneuerung fähig. Es wird grösser, schafft erneut Verbindungen, daraus entstehen neue Energien – im Kleinen wie im Grossen.

Als Menschen können wir nicht ständig und immer in Verbindung mit diesem Netz sein. Allein unser Körper und unser Verstand begrenzen uns darin, denn sie wären überfordert, mit der Fülle an Informationen umzugehen. Zugleich würde das körperliche Leben keinen Sinn ergeben, wenn wir ständig mit dem wissenden Netz verbunden wären. Es wäre überflüssig, geboren zu werden. Wir könnten in dem Geflecht verweilen, ohne die Form eines Körpers anzunehmen. Gleichzeitig strebt spirituelle Entwicklung danach, über die Grenzen hinauszugehen, welche uns unsere Materie vorgibt. In diesem Paradoxon leben wir. Deshalb ist es wohltuend, möglichst oft mit dem wissenden Netz in Verbindung zu gehen. Wie das funktioniert, erkläre ich später im Kapitel «Wie du dich mit dem wissenden Netz verbindest» (Seite 136).

Vorher spreche ich jedoch über unseren «Energiekörper» und was das eigentlich ist. Wenn wir unseren Körper aus einer energetischen Perspektive betrachten, besteht er aus verschiedenen Schichten von Energie, die unterschiedlich schwingen. Unser physischer Körper schwingt niedriger – «langsamer» – und ist deshalb solide und fest, also sehen wir ihn mit unseren Augen. Der Energiekörper schwingt höher – «schneller» –, deshalb ist er für uns unsichtbar. Viele sprechen in diesem Zusammenhang von der Aura des Menschen. Natürlich können wir eine Aura zum Teil sehen. Dies wurde in der modernen Physik mithilfe von Fotos festgehalten. Bestimmt kennst du solche Aufnahmen von Pflanzen, die mit einem leuchtenden, manchmal farbigen Rand umgeben sind. Oder du hältst deine Hand auf ein weisses Blatt Papier und siehst eine deutliche Umrandung aus Licht um deine Finger. Aber auch diese Sichtbarkeit ist nur ein Teil des vielfältigen Spektrums unseres Energiekörpers. Ein grosser Anteil dieser Energie ist ausschliesslich fühlbar. Die sichtbaren Anteile, zusammen mit den subtilen Schichten, bilden unseren Energiekörper.

Damit du zuerst einmal deinen Energiekörper kennenlernst, habe ich dir folgende Meditation aufgeschrieben:

MEDITATION

Spüre deine Energie – oder: Ich gehe in Verbindung mit meinem Energiekörper

Setz dich auf einen Stuhl und schliesse deine Augen.

Atme ein paarmal tief ein und aus.

Gehe nun mit deinem Bewusstsein in deine Körpermitte. Stelle dir vor, wie das Innere deines Körpers von einem feinen

Gewebe erfüllt ist, das aus Millionen von Verbindungen und Verästelungen besteht. Spüre, wie dieses Netz anfängt zu leuchten, zu vibrieren und zu schwingen.

Verharre eine Weile in dieser lichtdurchfluteten Phase und spüre deine Kraft. Diese Energie steht dir zur Verfügung. Möglicherweise berührt es dich, diese Energie zu spüren. Vielleicht wirst du mit Dankbarkeit erfüllt, eventuell fühlst du die Sicherheit, die dir dieses Energiefeld gibt. Das bist du und die Energie, die du in dir trägst.

Wenn du dieses Vibrieren im ganzen Körper spürst, erkennst du deinen Energiekörper.

Anschliessend bewege dich langsam und öffne deine Augen.

Falls du am Anfang nur ein feines Vibrieren oder Kribbeln spürst, ist das okay. Auch dies braucht ein gewisses Training, bis es klappt. Übrigens kannst du bei genügend Routine diese Übung durchaus mehrmals täglich und mit offenen Augen durchführen. Nach einer gewissen Zeit reicht ein Gedanke an diese Meditation, um dich deinen Energiekörper wahrnehmen zu lassen.

Bis heute gehe ich regelmässig mittels meines Energiekörpers in Verbindung mit diesem Netz. In dieser Verbindung erhalte ich Antworten, Trost und ganz viel wohltuende Lebensenergie. Oft frage ich mich dann, mit wem ich da in Kontakt trete. Mit Gott, mit meinen geistigen Begleitern oder mit niemandem?

Mittlerweile weiss ich, dass es dieses allumfassende Ganze ist, von dem jeder von uns Anteile in sich trägt. Das Wissen, in einem grossen Ganzen eingebettet zu sein, ist mir eine Stütze. Es verblüfft mich jeden Tag, dass wir dort Informationen holen und weitergeben können.

Wir sind Teil vom grossen Ganzen

Vielleicht fragst du dich, warum ich über das wissende Netz so ausführlich berichte und was das mit dir als sensitiver Person zu tun hat. Wir durchleben im Moment einen Wendepunkt auf der Erde. Dinge, die wir als ganz normal und sicher verstanden haben, werden infrage gestellt. Viele von uns, egal ob du deine Sensitivität förderst und lebst oder nicht, spüren eine gewisse Unruhe. Vielleicht ängstigt dich die momentane Entwicklung oder du fühlst, dass du einen Beitrag leisten möchtest. Ich ermutige dich dazu. Es ist wichtig, die Zusammenhänge tiefer zu durchleuchten.

Ich erzähle dir gerne mehr über meine Erfahrungen. Die folgende Frage hat mich immer beschäftigt: Sind wir tatsächlich Teil eines grossen Ganzen, eines Energienetzes? Ich bin heute überzeugt davon.

Gewisse Energien materialisieren sich, andere nicht. Das Beispiel Zeit finde ich sehr spannend. Wir haben immer weniger davon, obwohl wir über so viele Hilfsmittel verfügen, die Zeit sparen sollen, wie noch nie zuvor.

Zeit ist ein Hilfsmittel für uns, das eine Strukturierung der Ereignisse erlaubt. Das wiederum bedeutet, dass es uns möglich wird, Erlebnisse nacheinander zu durchleben und einzuordnen. Stunden, Tage, Wochen, Monate und Jahre machen es uns möglich, diese Ereignisse in einer Abfolge zu erleben. Eigentlich geschieht aber alles auf einmal. Die Quantenphysik beschäftigt sich schon lange mit diesem Phänomen.

Wir können in Kontakt mit Energien treten, die uns noch nicht bewusst sind. Wir erlauben uns, «Bauch und Gehirn zusammenzuführen». Seit Jahren forscht die Hirnforschung hierzu.

Das wissende Netz wird uns nicht helfen, Materie, Macht oder Geld anzuhäufen. Es wird uns aber Erkenntnisse liefern, wie wir mit diesen Dingen umgehen könnten.

Die Seele verbindet uns mit dem energetischen Netz, vergleichbar mit einem Server, der uns Zugang zum World Wide Web ermöglicht. Das macht es zu Beginn der sensitiven Entwicklung so schwierig zu unterscheiden, was eigene Empfindungen sind und welche zu dem Menschen gegenüber gehören oder zum Kollektiv, das wir über das Netz durchaus spüren können.

Wird im wissenden Netz *alles* gespeichert?

Denkst du jetzt vielleicht: Wenn alles im wissenden Netz gespeichert ist, müssten dort nicht auch die negativen Gedanken sein? Wie etwa, wenn ich meine Nachbarn still als Idioten beschimpfe, nur weil sie ihren Abfall nicht richtig entsorgen? Schlechte Gedanken werden tatsächlich im Netz gespeichert, dann jedoch neutralisiert, eben weil sie ausgesandt wurden. Aber nicht das Netz spiegelt sie uns, sondern die Menschen, die uns umgeben. Über unser Denken, unsere Körperhaltung und Gestik sowie unsere Kommunikation werden wir direkt vom Gegenüber gespiegelt.

Das hat nur im weiteren Sinne mit dem wissenden Netz zu tun. Denke ich «blöder Hund» oder «doofe Zicke» über jemanden, baue ich Energie auf und so kann es passieren, dass sich diese Person tatsächlich zickig verhält. Sie ist sich wahrscheinlich nicht bewusst, dass sie meine Gedanken und meine Haltung in dem Moment spiegelt.

Die Stimmung in der Gesellschaft gestaltet sich zunehmend rauer. Respektlosigkeit und Egoismus scheinen um sich zu greifen. Natürlich werden solche Emotionen im Netz aufgenommen, aber auch neutralisiert und als neutrale Energie zur Verfügung gestellt. Als ob es sagen würde: «Ihr entfernt euch von eurem inneren Wissen und davon, was eure eigentliche Bestimmung ist. Nämlich euch zu erkennen und den Fokus auf das grosse Ganze nicht zu verlieren. Wir sind Teil eines kollektiven Systems. Kümmert euch darum! Wie ihr es angeht, ist eure Sache.» Wir sollten nicht dem Netz die Schuld geben, sondern uns bewusst sein, dass wir eigenverantwortlich handeln. Nur wenn wir wissen, wer wir sind und was wir für uns wollen oder eben nicht, können wir die Tragweite unseres Seins für das Kollektiv, für das grosse Ganze zumindest im Ansatz verstehen. Findige Beobachter der aktuellen Weltsituation könnten an dieser Stelle anfügen, es gäbe immer mehr Egoismus, Lügen, Betrug und Hass. Dieses Phänomen spielt sich tatsächlich ab, weil zunehmend mehr Menschen spiegeln, was sie antreffen. Die Gesellschaft kann Personen hochjubeln, die unser eigenes Unbehagen wecken. Ich erinnere mich an ein Mädchen in unserer Klasse, das ich eigentlich als schwierig im Umgang empfand. Dennoch verehrten sie alle. Wir alle haben sie gespiegelt. Ein Mitschüler bewunderte sie, ein anderes Kind nahm wiederum die Verehrung wahr. Ein weiteres wurde von dieser Anerkennung in den Bann gezogen. So zieht sich die Wahrnehmung über viele Menschen weiter. Eine Gruppe von Bewunderern entsteht. Natürlich war es in vergangenen Zeiten nicht besser. Auch früher wurde gespiegelt. Mittlerweile haben wir aber ein anderes Bewusstsein und wir sollten es unbedingt für das Kollektiv einsetzen. Es gilt nicht mehr nur das Gesetz des Stärkeren. Immer mehr Menschen erkennen ihre Sensitivität und dies eröffnet neue Lösungswege.

Selbstverständlich nutzen wir das Spiegeln auch im Positiven! Die jungen Leute, die nun auf die Strasse gehen und für das Klima demonstrieren, weil sie Angst um ihre Zukunft respektive um den Zustand der Erde haben, bringen ans Licht, was viele schon lange dachten – war es ein Impuls aus dem energetischen Netz? –, aber wohl wieder verwarfen: Unsere Umwelt könnte kaputtgehen. Sie ist nicht nur deshalb wichtig, weil unser Überleben an das ihrige gekoppelt ist, sondern weil wir ein Abbild unserer Umwelt in uns tragen. Der Gedanke, es stehe fünf vor zwölf mit unserer Natur, ist an sich nicht neu. Doch gerade jetzt, da sich so viele darüber Sorgen machen, entstehen neue Spiegelungen unter den Menschen. Auch die Wissenschaft beschäftigt sich stärker damit. Das zeigt: Je mehr Menschen den gleichen Impuls haben, desto stärker wird die Energie. Ein Wissenschaftler bewirkt in der Regel mit seiner neuen These noch keine Umkehr im grossen Stil. Je mehr andere Forscher seine Aussage bekräftigen, umso realer wird sie.

Das Netz stellt uns neutrale Gedanken zur Verfügung. Wenn wir es schaffen würden, dieses Denken in ebenso neutrale Handlungen umzusetzen, wären wir einen grossen Schritt weiter. Bei kleinen Kindern sieht man dies noch häufiger. Sie sagen geradeheraus, was sie denken, und sie handeln, wie sie sich fühlen. Natürlich leben sie ihr subjektives Empfinden aus und lernen ihr «Selbst» kennen. Aber sie sind oft noch stark mit ihrer Essenz verbunden und können so aus der Intuition heraus reagieren. Uns kommt aber unsere eigene Geschichte in die Quere. Durch unsere Prägungen verhalten wir uns leider nicht mehr neutral. Könnten wir in diesen Momenten aus unserem Innersten heraus handeln, würden wir die Situation vielleicht gar nicht auf uns beziehen. Wir würden nicht bewerten und das Geschehen mit unseren gemachten Erfahrungen vergleichen. Wir würden verstehen, dass unser Gegenüber aus seinen eigenen Mustern heraus agiert und dies absolut in Ordnung ist. Wir könnten es geschehen lassen und müssten unter Umständen gar nicht ins Handeln kommen, sondern würden den Augenblick so annehmen, wie er ist – nämlich nur ein Moment. Wir sind unseren Verhaltensmustern ausgeliefert und dazu gehört, dass wir Menschen spiegeln und gespiegelt werden. Du kennst das bestimmt auch: Du hast schlechte Laune, weil deine Chefin die wohlverdienten Ferien nicht genehmigt hat. Du steigst übellaunig in den Bus ein und schon wirst du von der erstbesten Person im Bus angemotzt. Auch kleine Kinder reagieren sehr bald auf diese Spiegelung. Das ist der Lernprozess aller heranwachsenden Menschen. Wir könnten durch eine neutrale Haltung viel verändern. Versuch doch einmal, mit einem Lächeln auf dem Gesicht durch den Alltag zu gehen. Schau, wie ansteckend das sein kann. Es ist uns möglich, zu jeder Zeit unsere Perspektive und unser Verhalten zu verändern. Dazu müssen wir einfach unser Potenzial erkennen und immer mehr zulassen.

Wie du dich mit dem wissenden Netz verbindest

Wir sind alle eins und gehören zu einem System. Es ist uns jederzeit möglich, dieses genauer kennenzulernen. Die nächste Meditation soll dir helfen, dich mit dem wissenden Netz zu verbinden, um genau das zu tun.

Um noch detaillierter zu beschreiben, was du bei der nächsten Meditation machen wirst, hier zunächst einige Erläuterungen: Zu Beginn baust du deinen Energiekörper auf. Danach dehnst du diese Energie über deinen Körper hinaus aus. Dann stellst du dir vor, du wärst von einem grossen, vibrierenden, leuchtenden Netz umhüllt. Indem du mit deiner Energie irgendwo mit dem Geflecht in Berührung gehst, spürst du, wie sich Millionen von kleinen Schaltstellen bilden (Millionen kleiner Lichter, denn es ist leichter, sich diese vorzustellen) und du in Verbindung mit allem bist, was dich umgibt.

MEDITATION

Verbindung mit dem wissenden Netz

Setze dich bequem auf einen Stuhl. Schliesse deine Augen.

Konzentriere dich auf deinen Atem. Atme tief ein und aus. Dabei entspannt sich der Körper langsam.

Nun baue deinen Energiekörper auf, wie du es in der vorherigen Meditation gemacht hast.

Sobald du deinen Energiekörper fühlst, dehne dieses energetische Netz allmählich über deine Körpermitte aus. Stell dir vor, es füllt den ganzen Raum aus, in dem du dich befindest, und dehnt sich dann weiter aus über dein Haus, hinaus ins Universum.

Stell dir nun vor, dass deine Energie langsam mit dem energetischen Netz um dich herum in Verbindung geht.

Du wirst die Verbindung körperlich und emotional spüren. Du wirst langsam mehr und mehr mit dem energetischen Netz schwingen.

Lass es absichtslos geschehen, ohne in irgendeine Richtung gehen zu wollen.

Informationen werden automatisch kommen,
wenn es nötig ist.

Lass dich einfach auf das Gefühl dieser Verbindung ein.

Nach einer gewissen Zeit ziehst du deine Energie langsam in deinen Körper zurück, wie du das schon beim «Sitting in the Power» geübt hast.

Bewege dich behutsam und öffne deine Augen.

Ich habe diese Meditation mit vielen meiner Schüler ausprobiert, die meine Seminare besuchen, und sie berichteten erstaunt über diese Art von «in Kontakt treten». Sie wunderten sich, wie schnell man auf diesem Weg an Informationen gelangen konnte, wie rasch sie sich verbunden fühlte. Oder wie sie von diesem wunderbaren Lichtnetz berührt wurden. Du kannst selbst herausfinden, ob sich diese Art der Meditation für dich stimmig anfühlt.

Von der Kraft, eingebunden zu sein

Du kennst es bestimmt auch: Obwohl du dich immer mehr um dich kümmerst, gibt es Tage, an denen du dich missverstanden fühlst. Du bist freundlich und achtsam gegenüber deinen Mitmenschen und trotzdem kann es sein, dass dich jemand beim Einkaufen anherrscht und unfreundlich zu dir ist. Oder dass deine pubertierenden Kinder mit dem linken Fuss zuerst aufgestanden sind. An solchen Tagen frage ich mich: Wer hat dieses

System, in dem wir leben, «erfunden»? Warum ist es so schwierig, mein inneres Wissen ins Leben zu bringen? Warum bin ich nicht fähig, neutral zu bleiben? Warum lasse ich mich auf diese «Spielchen» ein, obwohl ich genau weiss, dass die Übellaunigkeit meines Sprösslings nichts mit mir zu tun hat? Diese Gedanken treiben mich nach wie vor intensiv um. Ich kann sie nicht beantworten, wir können nur erahnen und Schlüsse aus unserer eigenen Erfahrung ziehen. Mir gibt es Kraft und Hoffnung zu wissen, dass ich in einem grossen Ganzen eingebettet bin. Es verblüfft mich jeden Tag, dass wir im energetischen Netz Informationen holen und weitergeben können. Auch die Emotionen, die im Kontakt mit dem wissenden Feld ausgelöst werden, sind faszinierend und geben zugleich Halt.

Es fällt uns schwer, ein Bild von diesem Netz zu visualisieren, weil es abstrakt ist. Unser Gehirn wünscht sich solche Bilder. Aber die Verbindung mit dem Allwissen ist in erster Linie ein Gefühl, das sich bei uns einstellt. Dieses Glücksgefühl und die Liebe, die wir in diesen Momenten spüren, brauchen keine Bilder. Wir können sie nicht in Worte fassen. Wir fühlen uns verbunden statt isoliert, eben weil wir keine Form brauchen. Wir sind einfach! Vielleicht können wir in diesen Augenblicken unser Sein, unser wahres Ich, etwas besser erfühlen.

Manchmal können wir Verbundenheit im Alltag spüren. Wenn du mit einem geliebten Menschen zusammen bist, kommt es vor, dass dieser magische Moment entsteht, in dem ihr beide wisst: Jetzt braucht es keine Worte. Eine Mutter, die ihr Baby in den Armen hält, möchte die Zeit anhalten, um in der Emotion der Liebe und Verbundenheit zu verharren. Aber es ist im Alltagstrott nicht immer möglich, dieses Gefühl des Allumfassenden bewusst zu erfahren, weil wir von unseren Aufgaben abgelenkt sind.

Trotzdem macht es Sinn, sich immer wieder in die Verbindung zu begeben. Das Bewusstsein, unsere Toleranz und das Verständnis wachsen. Das wissende Netz und die Verbindung damit liefern uns Erkenntnisse über uns und unser Leben. Wenn wir dieses Innere Verstehen in eine Gemeinschaft von Menschen tragen, können wir darin aufgehen. Wir verstehen uns Mal für Mal mehr als Teamplayer. Wir sind aufeinander angewiesen. Das Zusammenleben ist ein Spiegelbild der energetischen Realität, die uns umgibt, weil wir mit allem vernetzt und verbunden sind.

Wie uns das Netz begleitet

Über Jahrtausende hat sich das wissende Netz weiterentwickelt. Verschiedenste Schaltstellen oder Verbindungspunkte haben sich stets geteilt und gingen neue Verbindungen ein – ähnlich den Synapsen im Gehirn bei uns Menschen. Dadurch baute sich laufend mehr Wissen und Bewusstsein auf. Das ist zu unserem Vorteil, da wir ein Teil vom wissenden Netz sind.

Ich glaube, das Allumspannende ist neutral. Es gibt kein Gut und Böse, keine Medaille für den besten Menschen und keine Strafbank, wenn wir die Regeln gebrochen haben.

Vielleicht beschleichen dich Zweifel an dem, was du hier liest. Ich bin weit davon entfernt zu behaupten, ich hätte als Einzige recht. Trotzdem hege ich den Wunsch in mir, diese Gedanken mit dir zu teilen, um dich zum Nachdenken anzuregen. Du bist sensitiv. Warum solltest du dich nicht um deine spirituelle Seite kümmern? Kein Medium, kein sensitiv arbeitender Mensch weiss es besser als jene, die gerade entdecken, wo ihr Potenzial liegt. Bis zum Alter von etwa vier Jahren verbinden sich Kinder nicht nur mit ihrem Gegenüber, sondern auch mit dem wissenden Netz. Sie sind im Verstand noch nicht verbaut und in den Gedanken offen. Solche Vernetzungen entstehen bei ihnen spontan. Erst später verlieren sie diesen natürlichen Kontakt. Vielleicht kennst du das von dir früher oder von deinen Kindern und Enkelkindern. Viele der Kleinen haben ein feines Gespür, wie es beispielsweise um die Partnerschaft der Eltern steht. Eine Klientin kam zu mir, während sie in der Trennungsphase von ihrem Mann war. Ihre Ehe war am Ende. Die Eheleute hatten sich seit einiger Zeit nichts mehr zu sagen. Auch gestritten wurde nicht. Sie versuchten, die Familie für ihren Sohn aufrechtzuerhalten. Eines Tages meinte der kleine Sohn, sie sollten doch lieber an verschiedenen Orten wohnen. Das wäre viel schöner für ihn. Daraufhin suchten die Eltern einen Familientherapeuten auf, um die Trennung – mit Einbezug des Kindes – auf eine friedvolle Art zu vollziehen

Natürlich kann es Kinder auch ängstigen, wenn sie das Wahrgenommene gefühlsmässig nicht einordnen können. Kinder trainieren ihre emotionalen Fähigkeiten, indem sie ausdrücken, was sie gerade empfinden. Sie lächeln, weinen, freuen sich oder sagen uns, was sie beschäftigt. Indem wir ihre Empfindungen ernst nehmen und diese bestätigen, lernen sie, mit ihren Emotionen umzugehen. Sie gehen in Verbindung mit dem Universum und lassen energetische Verbindung zu. Man sieht förmlich, wie sie das Allwissen anzapfen. In solchen Momenten des stillen Beobachtens gehen auch wir in Verbindung mit dem Kind und spüren, dass es mehr gibt als das, was wir wahrhaftig sehen: eine emotionale Intelligenz, ein emotionales Wissen, das uns alle verbindet. Bitte unterstützt die euch anvertrauten Wesen, damit sie diesen Zugang zum Leben nicht verlieren.

Bei vielen alten Menschen kommt diese Verbundenheit wieder zurück. Selbstverständlich gibt es auch die Standhaften. Sie verbleiben lieber in ihrem rationalen Denken. Die emotionale Intelligenz kann wahnsinnig glücklich machen und genauso tiefschürfend verängstigen – je nachdem, wie man sie im Leben gepflegt hat und mit diesem Wissen umgehen kann. Wer sein ganzes Dasein in alten Traditionen, wie zum Beispiel dem christlichen Glauben, verhaftet bleibt, hat oft Angst vor dem Sterben. Meine Mutter litt unter der nagenden Angst, sie müsste für Dinge büssen, die sie auf ihrem Lebensweg nicht gut gemacht hat. Ihr Sterben war ein Kampf, bis sie erkannte, dass sie in ihr energetisches Zuhause, das wissende Netz, zurückgeht, in dem sie getragen wird und keine Kämpfe mehr ausgetragen werden müssen. Ihr Sterben war wie ihr Leben ein ewiges Ringen um Erkenntnis und darum, an Dingen festzuhalten. Erst als sie sich während ihres Sterbeprozesses ihrem wahren Sein hingab und ihren Mustern nicht mehr folgte, schlief sie friedlich ein.

Coaching

Begleiten bei der Weiterentwicklung

Vielleicht spürst du, dass du als sensitiver Berater arbeiten möchtest. Oder du nutzt deine Fähigkeit bereits in deinem Umfeld und wüsstest gerne, wie du sie in der Entwicklung weiterbringen kannst? Es gibt eine elementare Regel, die du dabei immer beachten solltest: Bitte erteile keine Ratschläge. Erlaube jedem, seine Schritte zu machen, selbst wenn du vielleicht bereits das Resultat kennst.

Wenn du als sensitiver Coach die richtigen Fragen an deinen Klienten stellst und dieser Mensch diese für sich beantworten und, noch besser, umsetzen kann, wird er weiterkommen, ohne von jemandem gedrängt zu werden. Damit ich als Sensitive das Seelenmuster erkennen kann, verbinde ich mich mit dem Gegenüber. Das ist der erste Schritt, um das eigentliche Thema oder Problem zu ergründen. Erst wenn ich nach Veränderungspotenzialen und Lösungsansätzen frage, gehe ich ins wissende Netz. Du weisst ja bereits, wie du dich mit dem energetischen Netz verbinden kannst. Dort liegt die Lösung; ist nicht das Problem zu finden. Ein Beispiel: Ein Mann will sich nicht auf eine Partnerschaft festlegen. Kaum entwickelt sich eine Beziehung, windet er sich wieder heraus. Dieses Muster liegt nicht im wissenden Netz, sondern lässt sich rein in der Wahrnehmung dieses Menschen erspüren. Verbinde ich mich über diesen Mann mit dem wissenden Netz, erkenne ich, dass auch sein Vater aus der Beziehung zu seiner Mutter geflüchtet ist. Der Klient müsste zuerst das Thema «Vater» ansehen, bevor er seine Handlungsweisen ändern kann. Zu dieser Erkenntnis gelangst du nur, wenn du die Energie dieses Mannes als Kanal zum wissenden Netz benutzt.

Du wirst feststellen, dass es sich anders anfühlt oder du andere Informationen bekommst, wenn du dich über einen Menschen mit dem wissenden Netz verbindest. Halte ich mich nur im energetischen Netz auf, spüre ich Gesamtlösungen. Es ist ein Gefühl eines übergeordneten Wissens. Also nichts Persönliches. Über das Netz kannst du Teile des Lebensziels, des Potenzials dieser Person fühlen. Es sagt aber nichts darüber aus, wo dieser Mensch im Leben steht und ob er sein Potenzial je nutzen wird. Wenn du dich über dein Gegenüber mit dem wissenden Netz verbindest, kannst du daraus den nächsten, wichtigen Schritt für diese Person erspüren. Denn die Energie des Menschen schwingt dabei mit.

Wichtig für einen Sensitiven ist: Selbst wenn du weisst, wohin die Reise führt, solltest du nur in kleinen Schritten vorwärtsgehen. Jeder braucht die Zeit, die er benötigt. Die Lösung führt nie direkt von A nach Z. Zuerst kommt das Energiefeld meines Gegenübers und dann das wissende Netz. Das erfordert viel Geduld und kennst du bestimmt auch aus eigener Erfahrung. Schritt für Schritt gehen wir unseren Weg und als Sensitive können wir begleiten und anregen, aber niemals fordern. Falls du selbst als Berater oder Coach arbeiten möchtest, merke dir bitte: Entwicklungen von Ratsuchenden werden gemeinsam in einem Prozess erarbeitet. Dies setzt voraus, dass der Sensitive oder Coach sich energetisch mit seinem Gegenüber verbindet.

Es würde uns im Umgang mit anderen Menschen toleranter machen, wenn wir die echte Motivation des Gegenübers erkennen könnten. Wir sollten genauer hinschauen, «hineinspüren» und mehr Verantwortung übernehmen für das, was wir fühlen. Vermittelt mir meine Wahrnehmung etwas anderes als die gemeinläufige Meinung über jemanden, sollte ich auch dazu stehen. Zum Beispiel stand ich immer zu einem Kollegen, der in meinem Bekanntenkreis als ruppig und schroff wahrgenommen wurde. Mir schien er eher einfühlsam, vielleicht auch verletzlich. Bei einem Konzert zeigte er mir diese Seite und bestätigte damit meine Empfindung, als er bei einem Lied, das ihn an etwas Emotionales erinnerte, einfach in Tränen ausbrach.

Ein Coaching kann hilfreich sein

Sensitivität im ursprünglichen Sinn öffnet unseren Blick für das Potenzial des anderen. Wir könnten hier von der Lebensaufgabe sprechen – oder darüber, wo dieses Potenzial festgefahren ist. Gerade wenn du eine grosse Aufgabe erkennst, solltest du behutsam und geduldig beim sensitiven Arbeiten mit dieser Person bleiben. Natürlich kannst du einem Anderen Impulse geben. Er wird sie aber in seinem eigenen Rhythmus umsetzen. Manchmal brauchen Menschen länger, um ihren Aufgaben gerecht zu werden. Eine sensitive Begleitung geht behutsam, langsam und motivierend vor. Sie ermutigt, den nächsten Schritt zu wagen, und dies im Tempo des Ratsuchenden und niemals im Tempo des Coaches. Unser Leben ist ein einziges Puzzle von kleinen Schritten und wertvollen Begegnungen und den Erkenntnissen daraus. Wenn wir uns auf unsere Intuition einlassen, lernen wir, dass wir alle wichtigen Informationen in uns tragen und nicht etwa auf Ratschläge von aussen angewiesen sind. Das gibt auch der Gegenwart ein neues Gewicht: Es geht nicht um Prognosen oder Prophezeiungen, sondern darum, uns und unsere Mitmenschen im Hier und Jetzt zu erfassen. Nicht jedes Potenzial, das du bei einer Person erkennst, wird sich automatisch entfalten. Und es wird auch nicht jedes Ereignis eintreffen, das du aktuell erspürst. Unser Bewusstsein entscheidet, ob wir uns einer Situation stellen und welche Anlage wir entfalten oder ob wir dies überhaupt tun. Wir haben die Wahl. Manchmal ist die Zeit nicht reif, um aktiv zu werden.

Alle Menschen kommen mit Emotionen und Energien in Berührung, die alles andere als positiv sind. Bei Sensitiven zeigt sich das manchmal – wie ich in einem früheren Kapitel schon erwähnt habe –, indem sie müde, traurig oder abgeschlagen sind. Es können sich auch Ängste oder Wut regen. An diesem Punkt ist es wichtig, dem Gefühl präziser nachzuspüren. Angst, Frust und Gefahr sind auch Indikatoren für Lösungen, sofern es uns gelingt, die Energie oder Emotion zu ergründen. Einen

Lösungsansatz finden wir, indem wir einen Rundumblick wagen. Unser Leben auf der Erde ist dual, das heisst, Positives und Negatives, beides ist vorhanden.

Ängste zu durchleben, zum Beispiel, ist wirklich schwierig. Sie können so herausfordernd sein, dass wir nur noch resignieren. Dennoch möchte ich dich auffordern weiterzugehen, um das Licht am Ende des Tunnels wieder zu erblicken. Es gibt negative Gefühle, die Ängste in uns schüren. Diese sind meist hausgemacht. Nehmen wir an, du traust dich nicht, vor Leuten zu sprechen. Es geht einfach nicht. Du meidest jede Situation, bei der du etwas sagen müsstest. Nun hast du aber eine Weiterbildung gemacht und musst dein Team am Arbeitsplatz darüber informieren. Bereits Tage davor steigerst du dich schon in die Angst hinein, dass du bei diesem Meeting versagen und kaum ein Wort hervorbringen könntest. Stellst du dich ihr und machst dir bewusst, was eigentlich darunterliegt, wird es dir möglich sein, sie zu verstehen und zu überwinden. Unter Umständen erkennst du, dass es eine ganz andere Ursache gibt. Es geht nicht um die Angst, vor Menschen zu sprechen, sondern darum, dass diese Furcht auf einer Erfahrung basiert, die du gemacht hast.

Ängste zu haben, ist menschlich. Sie zeigen uns, welcher Anteil in uns zu kurz kommt, welcher vermieden wird oder welchem eine Verletzung zugrunde liegt. Sie sind die Mittel, um eine gewisse Situation zu umgehen. Ich rede hier nicht von ausgewachsenen Angststörungen, die wohl sensitiv erspürt werden können, aber deren Therapie in psychologische Betreuung gehört. Wir leben in einer physischen Welt. Unser biologisches System, unsere Natur ist darauf bedacht, das Überleben des Körpers zu sichern. Je nach Lebenssituation ist dieses Bestreben stärker ausgeprägt. Wir haben die besten Voraussetzungen, um unser materielles Leben zu sichern. Aber erlauben wir es uns auch, uns um unsere Seele zu kümmern? In ihr liegt unsere eigentliche Essenz. Der Konsum, oberflächliche Beziehungen oder die vielen Medien lenken uns ab. Das alles ist nicht per se schlecht, doch dürften wir öfter das Mass überdenken.

Es gibt auch für unsere Seele ein Überlebensprogramm. Dieses zeigt sich in unseren Mustern, welche wir leben. Bei jedem Menschen finden sich in seinem System Anteile. Man spricht auch von «inneren Personen», die störend wirken können. Diese Störenfriede sind kontraproduktiv, schwierig im Umgang – und doch sollten wir sie integrieren. Denn wenn du sie anerkennst, erhältst du Zugang zu ihnen. Erinnere dich: Diese Anteile waren in der Vergangenheit überlebenswichtig für unsere Seele. Vielleicht lerntest du schon als Kind, dass du besonders gute Noten heimbringen musstest, um von deinem Vater gelobt zu werden. «Womöglich nimmt er sich sogar einmal die Zeit und spielt als Belohnung eine Stunde mit dir.» Dies nur als ein Beispiel, wie sich solche inneren Personen bilden können, denn für die kindliche Seele ist es überlebenswichtig, Zuneigung und Aufmerksamkeit zu bekommen. Dadurch kann sie sich entwickeln und ein emotional gesundes Leben als Erwachsener führen.

Ich durfte in meinem Beruf als sensitiver Coach eine junge Frau begleiten. Sie war komplett erschöpft. Alle körperlichen Ursachen waren mit dem Arzt abgeklärt und ausgeschlossen. Sie hatte keine Lust mehr auf ihre Arbeit, ihre Freunde oder irgendwohin zu gehen. Während des Coachings stellte sich heraus, dass sie schon früh gelernt hatte, alle Wünsche ihrer Umgebung zu erfüllen. Sie konnte nicht Nein sagen und legte übertrieben Wert auf ihr Äusseres, denn ihr Auftreten war ihr wichtig. Sie hatte gute Manieren und liess allen anderen den Vortritt. Dagegen war sie als kleines Mädchen ein richtiger Wildfang gewesen. In der Schule fiel sie auf, weil sie oft nicht stillsitzen konnte. Sie wurde von Lehrern, Eltern und Mitschülern deswegen gerügt. Mit der Zeit lernte sie, sich still zu verhalten. Spätestens als Erwachsene hätte sie dringend einen Ausgleich für diese überschäumende Energie gebraucht. Aber der Anteil, der ihr gebot stillzuhalten, war mittlerweile so gross, dass sie nicht einmal mehr fähig war, eine Sportart zu suchen, bei der sie sich richtig auspowern konnte. Sie hatte ihre gesamte Energie dazu verwendet, still zu sein und nicht etwa, um ihre ureigene Vitalität zu leben. Inzwischen betreibt sie eine Kampfsportart und hat ihre Kraft im Leben wiederentdeckt.

Was du beim sensitiven Arbeiten beachten solltest

In diesem Kapitel werde ich dir etwas über die «Dos and Don'ts» bei der sensitiven Arbeit erzählen. Egal, ob du als Sensitiver im Alltag unterwegs bist oder als spiritueller Coach arbeitest.

Als sensitiver Coach kenne ich beide Sichtweisen. Die des Ratsuchenden – des Coachees – und natürlich die des Coaches. Die beiden Perspektiven sind schwierig zu trennen und so finden sie sich daher auch in diesem Kapitel.

Es gibt Leute im privaten Umfeld und besonders im Rahmen der Praxistätigkeit, die gerne hätten, dass wir alles für sie regeln. Am liebsten möchten sie nach einer Sitzung alle Antworten, wie sie ihr Leben in Zukunft glücklich, ohne Ängste und Nöte, sorgenfrei und, wenn möglich, auch noch materiell abgesichert, gestalten können. Dabei sollte zudem das, was von ihrer Seite nötig wäre, gleich in der Sitzung miterledigt werden.

Der Wunsch ist absolut legitim. Wir suchen in einer Notlage nach Hilfe, weil wir den Schmerz nicht mehr aushalten oder weil er uns jede Energie raubt. Doch so sehr wir es uns wünschen: Wir können diese schwierigen Situationen nicht delegieren. Um aus einem Tief zu kommen, muss jeder selbst aktiv werden. Selbstverständlich spricht nichts dagegen, mit jemandem darüber zu reden, der sensitive Praktiken anwendet. Es ist ebenfalls okay, an Geistwesen, Engel, Wichtel und dergleichen zu glauben. Doch auch diese werden niemandem einen Veränderungsprozess abnehmen. Den muss jeder selbst durchleben. Dabei ist eine Unterstützung zur Selbsthilfe in Form eines sensitiven Coachings möglich.

Manchmal entwickeln Klienten unbewusst eine Abhängigkeit. Sie fragen häufiger: «So ist es doch, oder?», «Sie verstehen mich?» Gewiss, ich verstehe es. Jedoch sagt dies nichts darüber aus, ob ich es nachvollziehen kann oder gutheisse. Es geht nicht – und niemals – um eine Beurteilung von «richtig» und «falsch». Einer Person aufzuzeigen, wie sie funktioniert, trifft den Kern des sensitiven Coachings. Jeder ist für die eigenen Handlungen verantwortlich. Wie jemand eine Schwäche anders nutzen, sein Wesen verändern oder entwickeln kann, kann Thema in einem Coaching sein. Allerdings arbeitet jeder aus sich heraus und nicht aus dem Blickwinkel des Coaches.

Vor jeder Entscheidung noch kurz «Frau Dommann» zu kontaktieren, sollte nicht zum gängigen Muster werden. Kinder kennen beispielsweise ein solches Handeln: Vor jedem Entscheid wird zuerst die Mutter um Rat oder Entscheidungshilfe gefragt. Oder ich rufe erst die Freundin an, bevor ich mich für dieses oder jenes entscheide. Das können banale Fragen sein, wie «Soll ich heute Jeans oder eine Cordhose tragen?» oder auch schwerwiegende Entscheidungen, wie «Soll ich meinen Job kündigen?».

Solche Abhängigkeiten sind zu vermeiden. Jeder von uns kennt Möglichkeiten, um an Antworten zu gelangen. Unser Handeln ist in diesem Moment richtig, wenn es sich gut anfühlt. Es muss nicht für den Rest des Lebens oder für alle anderen auch gelten. Wir dürfen uns immer wieder neu entscheiden.

Diese Wahlmöglichkeit sollten wir nutzen. «Entschliessen» bedeutet, den Willen zu haben, etwas zu tun. Entpuppt sich die Lösung oder der eingeschlagene Weg im weiteren Verlauf als unvorteilhaft, ist das nicht falsch. Im Gegenteil: Jeder Mensch ist dazu auserkoren, Erfahrungen zu sammeln und sich gegebenenfalls umzuentscheiden. Nur aus der Summe unserer Erfahrungen können wir beim nächsten Mal etwas verändern, eine Situation anders angehen oder differenziert auf sie eingehen.

Wie im Coaching so auch im Alltag gilt: Ein Sitzungsrhythmus beziehungsweise vereinbarte Treffen, um über ein Problem zu reden, sollten mit ausreichend Zeit dazwischen stattfinden, um die Eigenverantwortung zu stärken und Abhängigkeiten vorzubeugen. Die gewonnenen Erkenntnisse brauchen Zeit, um sich in unserem System zu setzen.

Hier noch eine weitere «Benimmregel», die mir am Herzen liegt:

Spüre immer wertfrei

Wir Sensitiven können Menschen, die uns um Rat fragen, ihr Innerstes verständlich machen. Wichtig ist, dass wir nicht beurteilen, was wir spüren. Gute sensitive Gespräche oder Coachings sind wertfrei.

Nehmen wir an, der Coachee rechtfertigt sich bei der kleinsten Anmerkung mit tausend Argumenten. Dieses Verhalten könnte bei dir als Coach den Wunsch auslösen, ein Gegenargument zu bringen. Eventuell merkst du, dass du angelogen wirst, vielleicht billigst du das Verhalten nicht. Doch als Coach solltest du mit deinem Klienten den wahren Grund erarbeiten, warum er sich überhaupt rechtfertigt. Befreie dich aus deinen eigenen Gefühlen und Verhaltensmustern. Wenn das nicht gelingt, solltest du für dich priorisiert dieses Thema bearbeiten.

Verurteile dich nicht selbst. Wir tragen nicht für alles die Schuld. Es gibt Dinge, die uns im Leben widerfahren, die wir nicht beeinflussen können. Wenn uns beispielsweise Ungerechtigkeit geschieht, ist es nicht zwingenderweise unser Fehler. Wir sollten und können damit aufhören, alles auf unser Sein oder Handeln zu beziehen. Schlimme Dinge passieren, weil es eine Aufforderung vom Leben ist, dass wir unser Inneres anschauen. Aber nicht, weil wir sie direkt mit unserem Handeln ausgelöst haben. Ich muss nicht notwendigerweise alles verzeihen, wenn mich jemand verletzt hat. Wir übernehmen Verantwortung für uns, sollten es jedoch sein lassen, dem anderen seine für sein

Handeln abzunehmen. Wir haben die Situation nicht verursacht. Wie wir damit umgehen und was wir daraus für uns lernen können, liegt allerdings in unserer Hand.

In diesem Zusammenhang möchte ich noch einen Gedanken zum «Verzeihen» mit dir teilen: Es kann grossen Druck auslösen, wenn du den Anspruch hast, jemandem zu verzeihen, der dir etwas angetan hat. Nach einer seelischen Verletzung entwickeln wir zuerst einmal Wut, Zorn oder sogar Hass. Solche Gefühle brauchen viel Energie und können bis zur totalen Resignation führen. Unsere Aufgabe ist es, diese Energie in etwas Positives zu lenken. Das können wir im Coaching lernen und lehren. Umgekehrt blockieren wir unsere Energie, sobald wir diese Emotionen nicht zulassen, denn sie gehören zu uns und wollen integriert werden.

Weiter spürst du in der sensitiven Arbeit, dass kein zeitlicher Ablauf der Informationen existiert. Du nimmst bereits Geschehenes wahr oder auch Situationen, die noch eintreffen könnten. Insbesondere, wie schnell sich jemand weiterentwickelt, solltest du nicht versuchen vorzugeben. Kein Nichtschwimmer startet auf einem Zehnmeterturm. Beim sensitiven Arbeiten können wir in ihm die Lust und Neugier auf den Zehn-Meter-Sprung wecken. Aber wir starten damit, dass wir zuerst die Begeisterung für das Wasser entfesseln, indem wir sachte die Füsse ins Nichtschwimmerbecken setzen. Vielleicht ist es sogar nötig, zusätzlich einen Schwimmlehrer zu engagieren, der uns ohne Hauruck-Übungen die Ängste nimmt und uns an das Gleiten im Wasser heranführt.

Verstehe bitte, dass jeder von uns nach einem inneren System oder einer inneren Weltanschauung handelt. Selbst wenn du Geschwister in einer Familie befragst, wirst du spüren, dass jeder der Geschwister eine andere Sichtweise auf seine Herkunft hat. Das eine Kind fühlt sich rückblickend sehr gut aufgehoben, das andere weniger. Das dritte macht sich kaum Gedanken darüber. Die Seelenmuster, die sich im Laufe des Lebens gebildet haben, sind unsere Wirklichkeit. Egal, ob die Situationen tatsächlich so oder anders geschehen sind, wir leben in unserem gebildeten Muster danach. Selbstverständlich sind diese Erinnerungen und Erfahrungen subjektiv. Doch gibt es nur unsere «subjektive» Wirklichkeit. Versuche also nicht, dein Gegenüber zu überzeugen, dass er die Situation anders sehen sollte und dass sein Erlebtes nicht der Realität entspräche. Sein inneres System wird sich auf die eine oder andere Weise dagegen wehren. Es ist nicht deine Aufgabe, die Wahrheit aufzuzeigen, denn auch diese ist nur ein Gebilde unserer Gedanken und sehr selektiv.

Stell dir vor, jemand glaubt, er sei von einem Dämon besessen, den ihm eine Ex-Freundin angehext hat. Ich habe tatsächlich Klienten, die aus diesem Grund zu mir kommen. Was bringt es, wenn ich aus tiefster Überzeugung erkläre, dass es keine Dämonen gäbe und mir kein Fall von Hexerei bekannt sei. Er würde sich nur unverstanden fühlen. Somit wäre er auch nicht bereit, sein Glaubenssystem anzuschauen. Beim sensitiven Arbeiten geht es einzig darum, die aktuelle Wahrheit des Gegenübers zu respektieren und dann in einem weiteren Schritt sein inneres System aufzuzeigen oder zu hinterfragen, um eine andere Sichtweise auf seine Wirklichkeit zu ermöglichen. Erst danach können wir eine nachhaltige Veränderung im inneren System des Gegenübers herbeiführen.

Es gibt nicht «*die* Methode». Wir Menschen sind derart verschieden und vielschichtig, dass es für jeden den eigenen Weg gibt. Es ist zwar möglich, sich eine Sicht von aussen einzuholen, aber die Schritte zur Veränderung macht hinterher jeder für sich. Jede Information, die uns weiterbringt, ist wertvoll. Selbst, wenn sie sich im Nachhinein als falsch oder nicht ganzheitlich erweist.

Ich bin überzeugt, dass alles im stetigen Wandel und die Veränderung eine Konstante im Leben ist. Letztendlich führt uns diese Veränderung näher zu uns und zu unserem wahren Sein.

Ein sensitives Coaching ist als Werkzeug für die eigene Entwicklung überaus wertvoll. Wer bereit ist, in Kontakt mit dem eigenen System zu gehen, es zu erleben, zu erspüren oder zu hören, bekommt während des Coachings eine andere Sichtweise und kann Blockaden auflösen, sofern es sich nicht um ein Trauma handelt. Traumata sollten in jedem Fall zusammen mit einem Psychologen behandelt werden.

Ein Thema, dem ich immer wieder begegne, ist das folgende:

Für dich zählt nur dein Gegenüber

Wir arbeiten mit der Energie des Gegenübers und nicht etwa mit der seines Umfeldes. Gerade bei Beziehungsproblemen ist das sehr wichtig. Du solltest als Sensitiver nie Informationen über andere Menschen kundtun. Es ist absolut nicht angebracht, in Verbindung mit abwesenden Personen zu treten und daraus Informationen preiszugeben. Will beispielsweise jemand wissen, ob er betrogen wird, ist es völlig unzulässig, sich bei der oder dem «Verdächtigen» einzufühlen, um etwaige Auskunft darüber zu erhalten. Das Zentrum der Nachforschungen ist die anwesende Person. Bei ihr fragt der sensitive Coach nach: Was bewegt dich? Welche Rolle spielst du in der Beziehung? Welche Grundangst treibt dich an? Was wäre dein grösstes Risiko? Welche Lösungen könnten in Erwägung gezogen werden?

Es geht um die Beweggründe des Gegenübers, nicht um die Handlungen des Umfeldes. Alles Relevante ist in der Energie des Menschen vorhanden, der dir gegenüber sitzt. Etwas anderes abzuholen, verletzt die Intimsphäre und geht mich nichts an. Ich lehne es für mich ab und hoffe, du machst es genauso, wenn Menschen die Schwachstellen einer Person erfahren wollen. Ich bin überzeugt, dass dann das System des Gegenübers, des Klienten oder Ratsuchenden ruft, um zu verhindern, dass sein gängiges Muster verändert wird und indem er im Aussen nach Fehlern sucht. Mein Wunsch ist, dass diese Personen für sich Verantwortung übernehmen. Wie ich schon am Anfang des Buches geschrieben habe: Du kannst nur dich selbst verändern. Für mich ist das eine grossartige, positive Erkenntnis. Du bist nicht auf andere angewiesen, damit sich in deinem Leben etwas verändert. Das hast du bestimmt auch schon festgestellt – sobald sich dein Verhalten ändert, wird das in deinem Umfeld gespiegelt.

Benötigen wir Hilfsmittel?

Gängige Hilfsmittel wie Kartenlegen, Pendeln oder Edelsteine können Türöffner sein. Alle Hilfsgegenstände sind im Wortsinn eine «Hilfe», an denen sich ein Coach orientieren kann. Ich habe jahrelang Horoskope genutzt, um meine Klienten zu beraten. Oft hätte ich die Berechnungen gar nicht gebraucht. Durch meine Sensitivität habe ich gespürt, was das Thema ist. Dennoch lasse ich manchmal mein Gegenüber eine Karte ziehen, was in bestimmten Momenten einfach eine Auflockerung sein kann. In manchen Fällen gelingt eine stärkere Verbindung zum Klienten, wenn er eine Affinität zu Tarot- beziehungsweise Engelskarten oder Kristallen hat.

Aktuell ist (beispielsweise) Handauflegen sehr populär als Mittel, beim Gegenüber die Selbstheilungskräfte anzuregen.

Ein Sensitiver nimmt seinen Mitmenschen grundsätzlich auch ohne Hilfsmittel wahr. Er erspürt sein Gegenüber sensitiv und sucht in der Energie des Betroffenen. Anschliessend können wir im wissenden Netz um weitere Information bitten.

Energetische Verbindungen in der Gruppe

Vielleicht hast du als sensitiver Mensch auch schon nach Übungsmethoden und -techniken gesucht, mit denen du dich noch intensiver kennenlernen kannst? Das «Systemaufstellen» oder «Familienaufstellen» ist eine Methode dafür. Du lernst dich kennen und merkst sehr deutlich deine Sensitivität.

Befinden sich mehrere Menschen in einem Raum, baut sich Energie auf, die Verbindungen zwischen diesen Personen schafft. Dies kann bewusst geschehen, wie zum Beispiel bei einer Familienaufstellung oder einer sensitiven Übungssitzung. Bei Systemaufstellungen, Familienaufstellungen und sensitiven Übungen kumuliert sich die Energie der Teilnehmenden zu einem wissenden Feld. Auch die Menschen, die sich im Raum befinden und keine aktive Rolle innehaben, sind Teil dieses Feldes und tragen zur Verdichtung der Energie bei. Wer im wissenden Feld steht, wird energetisch berührt. Das lässt sich intensiv mittels sogenannter Stellvertretungen in einer Systemaufstellung erfahren. Stellvertreter nehmen dabei die Positionen von Gefühlen (das können Angst, Trauer, Freiheitsdrang, Blockaden, Wut und vieles mehr sein) oder von Personen aus dem Umfeld des Ratsuchenden ein.

Im Zuge einer Systemaufstellung kann es beispielsweise passieren, dass ein im Raum anwesender Beobachter einfach in Tränen ausbricht. Das wissende Netz umgibt jeden von uns. Aber je mehr Menschen aufeinandertreffen, umso mehr Energie generiert sich an dem entsprechenden Ort. Das energetische Netz wächst, wird stärker und kraftvoller. Es fühlt sich an, als ob die feinen Verästelungen zu einer verdichteten, energetischen Einheit aufquellen würden. Keine Frage, wir können auch alleine diese Energie aufbauen und erfahren, aber in der Gruppe ist das Netz stärker spürbar. Es spricht nichts gegen eine stille Einkehr. Manchmal kann ein Einzelner in der Stille Klarheit finden. Mitunter gibt ihm die Gruppe Kraft, um eine Erkenntnis zu gewinnen.

Was sensitives Coaching von der Psychotherapie unterscheidet

Der Kreis der Leute, die ein sensitives Coaching dem Termin beim Psychologen vorziehen, wird immer grösser. Ein sensitiver Coach gibt preis, was er wahrnimmt, ohne dass der Mensch seine Sicht der Dinge darstellen muss. Während der Auseinandersetzung mit einem Thema entwickeln Coach und Klient Strategien und Wege, was als Nächstes zu tun ist. Manchmal werden sich beide nach der ersten Sitzung allerdings einig, dass eine fundierte psychologische Analyse angebracht wäre. Ich möchte hier noch einmal betonen, dass bei Traumata, ausgeprägten Angststörungen und Suchtthemen ein Psychologe oder Psychiater der richtigere Ansprechpartner ist.

Coaching und Psychotherapie können sich jedoch auch ergänzen: Ein sensitiver Coach kann im Verlauf der Therapie eine Zwischenbilanz ziehen, was bereits aufgearbeitet worden ist und welche Themen als Nächstes angegangen werden können.

Sei dir bewusst: Hast du es mit einer schwerwiegenden psychischen Störung zu tun, ist kein Alleingang angebracht. Menschen, die unter Psychopharmaka stehen, sollten wirklich nur zu dir kommen, wenn du es mit ihrem Therapeuten abgesprochen hast. Frage danach, wenn dein Gefühl dir dazu rät.

Bleibe offen für das, was kommt

Neue Zeiten brechen an. Das spüren wir alle. Dinge, die im Verborgenen liegen, kommen ans Tageslicht. Menschen, die ihre Sensitivität spüren, fangen an, diese zu leben. Bewusstsein liegt in der Luft. Wer sich gegen die Veränderung sträubt, hat grosse Mühe, am Alten festzuhalten. Wie oft habe ich in der letzten Zeit ein Seufzen und die Aussage hört: «Wäre doch alles wieder so, wie vor Corona!» Das wird nicht eintreffen. Davon bin ich überzeugt. Aber um ein glückliches Leben zu führen, brauchen wir nicht in der Vergangenheit zu suchen. Natürlich finden wir dort Fehler, die wir gemacht haben und die wir in Zukunft vermeiden wollen. Selbstverständlich dürfen wir an viele schöne Erinnerungen zurückdenken. Aber das Leben findet im Moment statt. Du kannst nur in der Gegenwart neue Wege gehen und es für dich gestalten.

Nimm die Aufforderung an, dein Potenzial, deine Möglichkeiten zu nutzen. Erlaube dir eine neue Lebensstrategie. Ich weiss, dass dich das zu neuen Ufern bringen wird, die vielleicht zu Anfang noch unbekannt sind. Trotzdem wünsche ich dir, dass du dich darauf einlässt. Du wirst dir jeden Tag näherkommen und weitere Schritte auf deinem spirituellen Weg weitergehen.

Wie in allen Lebensbereichen entwickelt sich auch die Sensitivität. Vieles von dem, was ich in meinem Werdegang gelernt habe, beherzige ich heute nicht mehr – weil es schlicht überholt ist. So wird es uns wohl auch in zehn Jahren ergehen. Offenheit gehört zur spirituellen Entwicklung dazu. Solange wir die Verbindung mit uns, unserem Gegenüber und dem wissenden Netz pflegen, sind wir Teil von diesem grossen Ganzen, das sich Leben nennt.

Ich danke euch, dass ich diese Erfahrung mit euch teilen darf.

Besonders danken möchte ich meinen Kindern, meinem Partner und meinen Freunden, die immer daran geglaubt haben, dass dieses Buch veröffentlicht wird.

Ausserdem danke ich meiner «Komma-Fee», Susanne Perren, die als Erste meine Gedanken in geschriebene Worte gefasst und mich bei der Realisierung dieses Buches tatkräftig unterstützt hat.

Dank an Andreina Capol, die mein Buch vor dem Erscheinen gelesen und mir wertvolles Feedback gegeben hat. Und an Beate Simson, die mich an die Hand genommen hat, als ich zweifelte, ob es je erscheint.

Nicht zuletzt gilt den Menschen Dank, die bei mir in Beratungen, Coachings oder Seminaren waren, und selbstverständlich meinen Sponsoren, die mich finanziell unterstützt haben.

Herzlichen Dank für euer Vertrauen, das ihr mir schenkt. Ohne euch hätte ich es nicht gewagt, all das zu Papier zu bringen.